HEYNE BÜCHER

HEYNE KOCHBÜCHER

Monika Kellermann

Milch, Quark, Joghurt & Co.

Die 100 schönsten Rezepte aus der gesunden Milchküche

Originalausgabe

WILHELM HEYNE VERLAG
MÜNCHEN

HEYNE KOCHBUCH
07/4625

2. Auflage

Printed in Germany 1995
Redaktion: Stephanie Rilling
Umschlaggestaltung: Atelier Ingrid Schütz, München
Umschlagfoto: Studioh!, Sigi Hengstenberg, München
Innenfotos: Gruner & Jahr, Hamburg (1), Landesvereinigung
der Bayerischen Milchwirtschaft (8), CMA (3)
Satz: Schaber, Wels
Druck und Bindung: R.M.O.-Druck, München

ISBN 3-453-05045-2

Inhalt

Vorwort

Seit jeher ernährten sich die Menschen, mit Ausnahme der Chinesen, von der Milch ihrer Tierherden. Am meisten verbreitet waren Schafs- und Ziegenmilch, je nach Region bevorzugte man auch die Milch von Stuten, Kamelen und natürlich Eselsmilch, die man nicht nur trank, sondern aus der man auch Schönheitsmittel herstellte. Erst relativ spät, etwa vor 5000 Jahren, gewann die Kuhmilch an Bedeutung für die Ernährung.
Die erste bildliche Darstellung von Milchgewinnung und Milchverarbeitung ist auf einem Relieffries aus dem Mesopotamien des 3. Jh.s v. Chr. zu sehen. Im frühen Mittelalter entstanden die ersten Richtlinien für die Weiterverarbeitung von Milch zu Butter und Käse. Von nun an begann eine stetige, natürliche Weiterentwicklung der weißen Produkte. Heute ermöglicht eine ausgereifte Technik die tägliche Versorgung mit frischer Milch und Milchprodukten in schier unüberschaubarer Vielfalt.
Erst als ich begann, bewußt die Kühlregale mit den Milchprodukten zu betrachten, fiel mir das unglaubliche Sortenspektrum auf. Die Ausgangsprodukte – Milch, Sauermilch, Joghurt, Kefir, Buttermilch, Sahne und Frischkäse – sind zwar noch gut zu überblicken, aber all diese Grundformen gibt es in den unterschiedlichsten Variationen. Einmal süß, einmal pikant, trinkfähig oder stichfest, von mager bis fett. Für jeden Geschmack ist etwas dabei.
Sicherlich kann man sich angesichts dessen fragen, wieso soll ich meine Quarkspeisen und Milchdrinks selbst anmachen, wenn ich sie auch fertig kaufen kann. Und ein ganzes Buch nur über Milch, Quark, Joghurt & Co., ist das nicht ein bißchen übertrieben? Hier-

zu kann ich nur sagen: Die Milchküche ist weitaus vielfältiger, als man allgemein denkt und besteht aus mehr als nur Süßspeisen. Auch ich dachte anfangs in erster Linie an Rezepte für köstliche Desserts, z.B. auf Quarkbasis, mit denen allein ich ein Buch füllen könnte. Allerdings wäre das ein wenig einseitig und den vielen anderen feinen Artgenossen gegenüber ungerecht.
Beim Ausprobieren der Speisen waren es dann aber vor allem pikante Gerichte, wie beispielsweise italienische Gnocchi oder die mit Ricotta gefüllten Ravioli, die meine Gäste und mich begeistert haben. Außerdem Gemüsesuppen mit Milch, Sahne oder Joghurt sind ein Hochgenuß, und Kuchen aus Quark und Co. müssen nicht immer süß sein.
Neben der Vielfalt der Zubereitungsmöglichkeiten und dem Wohlgeschmack der einzelnen Gerichte empfinde ich vor allem die Leichtigkeit der Speisen als besonders wohltuend. Man ist angenehm satt ohne belastendes Völlegefühl.
Bei den Rezepten in diesem Buch ist jeweils die Fettstufe angegeben, die ich verwendet habe. Sie können allerdings bei den meisten Gerichten durch eine sinnvolle, auf Ihre Bedürfnisse abgestimmte Auswahl den Fettgehalt der einzelnen Milchprodukte beliebig verändern.
Ich hoffe sehr, daß meine Rezeptauswahl Sie dazu inspiriert, mehr mit Milcherzeugnissen zu kochen, denn eines steht fest — Milch und Co. sind gesund.

Alles über Milch

Mit Milch beginnt's! Die erste Nahrung, die jeder Mensch zu sich nimmt, ist Milch. Muttermilch enthält alles, was Neugeborene für ihr beginnendes Leben benötigen. Im weiteren Leben ist es heutzutage die Kuhmilch, die wesentlich zu einer gesunden, vollwertigen Ernährung beiträgt.

Was die Milch so besonders wertvoll macht!

- Ein besonders hochwertiges *Milcheiweiß,* das alle lebensnotwendigen Aminosäuren enthält, die der Körper nicht selber bilden kann und daher regelmäßig mit der Nahrung aufnehmen muß.
- Ein natürliches, leicht verdauliches *Milchfett,* da der Schmelzpunkt unter dem der menschlichen Körpertemperatur liegt, und die Fettmoleküle feinst verteilt sind. Die gewünschte Fettmenge kann heute durch die Auswahl der Milchsorte jeder selbst bestimmen.
- Ein leicht resorbierbares Kohlenhydrat, *Milchzucker* genannt, durch dessen Hilfe das in der Milch enthaltene Kalzium besser vom Körper verwertet werden kann. Außerdem wirkt sich Milchzucker positiv auf die Darmbakterien aus.
- Zahlreiche Mineralstoffe, von denen neben Jod, Fluor, Magnesium und Kalium vor allem die, gerade für das Wachstum und für den Aufbau der Knochen und Zähne unerläßlichen Mineralstoffe *Kalzium* und *Phosphor* eine bedeutende Rolle spielen.

- Eine ausgewogene Mischung von fett- und wasserlöslichen Vitaminen, die für einen geregelten Stoffwechsel wichtig sind. Erwähnenswert sind vor allem Vitamin A für das Zellwachstum und die Sehfähigkeit, Vitamin D für die Knochenbildung und Vitamine des B-Komplexes für die Nerventätigkeit und Blutbildung. Alle genauen Angaben zu den Inhaltsstoffen auf Seite 30.

Also alles in allem – ein natürliches Nahrungsmittel mit dem Prädikat »besonders wertvoll«.

Milchsorten

• Rohmilch

Das ist die Milch, die man früher bei jedem Bauern kaufen konnte. Heute darf der Landwirt nur noch Milch an Endverbraucher abgeben, wenn er sie besonderen Kontrollen und Bedingungen unterzieht. Diese Milch mit einem natürlichen Fettgehalt, direkt von der Kuh, wird als Rohmilch bezeichnet.

• Vorzugsmilch

heißt die Rohmilch, wenn sie abgepackt in den Handel kommt. Vorzugsmilch hat einen natürlichen Fettgehalt. Da sie nicht vorbehandelt ist, verdirbt sie sehr schnell. Erzeugerbetriebe, die Vorzugsmilch oder Rohmilch vertreiben, werden laufend vom Gesundheitsamt kontrolliert. Jede Vorzugsmilchpackung muß mit der Anschrift des Erzeugers gekennzeichnet sein.

Alle übrigen Milchsorten sind immer wärmebehandelt, sei es pasteurisiert, ultrahocherhitzt oder sterilisiert.

• Vollmilch

Es gibt sie mit festeingestelltem Fettgehalt von 3,5% oder mit natürlichem Fettgehalt, der aber mindestens 3,5% Fett betragen muß.

- **Fettarme Milch, teilentrahmte Milch**

Der Fettgehalt muß mindestens 1,5 %, höchstens 1,8 % betragen.

- **Magermilch, entrahmte Milch**

Sie darf höchstens 0,3 % Fett enthalten.

- **H-Milch**

Gibt es als Vollmilch und entrahmte Milch. Sie ist durch Ultrahocherhitzen haltbar gemacht, enthält keine vermehrungsfähigen Keime und ist daher in der ungeöffneten Packung bei Zimmertemperatur mindestens 4 Wochen haltbar.

- **Sterilmilch**

Die Milch wird, ähnlich wie beim Einkochen im Haushalt, durch Kochen keimfrei gemacht. Sie hält in der ungeöffneten Packung bis zu einem Jahr. In unseren Breiten spielt sie keine wesentliche Rolle mehr, da die Versorgung mit Frischmilch oder H-Milch gesichert ist. Beim Abkochen der Milch gehen wertvolle Vitamine und natürlich auch die feinen Geschmacksstoffe verloren.

Haltbarmachung der Milch

Die wichtigsten Begriffe auf einen Blick:

- **Pasteurisieren**

  So nennt man das Kurzzeiterhitzen der Milch auf 72–75 °C für 15–30 Sekunden. Dabei werden unerwünschte Mikroorganismen abgetötet. Die Milch hält gut gekühlt 4–6 Tage.

- **Ultrahocherhitzen**

  Bei dieser Methode wird die Milch mindestens 1 Sekunde auf 135–150 °C erhitzt. Sie ist dem Verbraucher als H-Milch bekannt und hält bei Zimmertemperatur in der verschlossenen Packung bis zu 8 Wochen.

- **Sterilisieren**

  Die Milch wird in einer geschlossenen Flasche etwa 10 Minuten bei 110–120 °C erhitzt. Sie ist völlig keimfrei und sehr lange haltbar.

- **Homogenisieren**

  Das ist der Begriff für die feinste Fettverteilung. Das bei der Rohmilch übliche Aufrahmen wird durch feinste Zerkleinerung der Fettkügelchen verhindert.

- **Eiweißangereichert**

  Entrahmte Milch wird manchmal eiweißangereichert, dies muß allerdings immer auf der Packung vermerkt sein.

Hygiene wird Großgeschrieben

Da die Milch zu den empfindlichsten Lebensmitteln zählt, ist Reinheit das oberste Gebot – vom Bauern bis zum Kühlregal im Einzelhandel. Von der Anlieferung in die Molkerei bis zur Lieferung der Milchpackungen in die Lebensmittelgeschäfte kommt heutzutage die Milch mit menschlichen Händen nicht mehr in Berührung. Eine gut organisierte, ununterbrochene Kühlkette ist Garant für eine tagtäglich frische Milch.

Tips zum Einkauf und Aufbewahren

- Achten Sie beim Milchkauf auf das »Mindesthaltbarkeitsdatum«. Bis zu diesem Zeitpunkt gewährt der Hersteller optimalen Geschmack und Frische. Es sind jedoch angemessene Sicherheitsspannen eingebaut. Es muß also keinesfalls bedeuten, daß das Produkt nach Ablauf des Verfalldatums nicht mehr genußfähig ist.
- Kaufen Sie, vor allem bei sommerlichen Temperaturen, Milch und Milchprodukte immer erst am Ende Ihres Einkaufs, damit die empfindliche Ware nicht unnötig der Hitze ausgesetzt

ist. Sorgen Sie dafür, daß die bis zum Kauf gesicherte Kühlkette nur so kurz wie möglich unterbrochen wird.

- Bewahren Sie die Milch immer gut verschlossen im Kühlschrank auf, da sie leicht Fremdgerüche annimmt. Keinesfalls in das Gefrierfach stellen, da die wertvollen Inhaltsstoffe unter zu tiefen Temperaturen leiden.
- Bevorzugen Sie wiederverwendbare Milchflaschen (Pfandflaschen), unserer Umwelt zuliebe.

Alles über Joghurt

Viele Legenden und Geschichten über Entstehung, Herkunft und Wirksamkeit von Joghurt werden erzählt. So erzählt man, es sei ein Engel gewesen, der die erste Schale mit Joghurt gefüllt vom Himmel brachte. Aber auch die Türken rühmen sich, den weißen Stoff erfunden zu haben. Eines ist gewiß, Joghurt zählt nach der Milch zu den ältesten Nahrungsmitteln und wahrscheinlich hat man ihn ganz zufällig entdeckt, als man einfach mal an stehengelassener Milch naschte und Gefallen an dem feinsäuerlichen Geschmack fand.

So wird Joghurt hergestellt

Früher war das Herstellungsverfahren denkbar einfach: Eine Schüssel mit Milch gefüllt wurde über Nacht offen stehengelassen und schon machten sich die Milchsäurebakterien der Luft an die Arbeit. Am nächsten Tag war die Milch dicklich mit einem leicht säuerlichen Geschmack. Das Ergebnis war allerdings nicht immer gleich befriedigend.
Heute sorgt eine ausgereifte Technologie für ein immer gleich wohlschmeckendes Produkt.
Als erstes wird die Milch auf den gewünschten Fettgehalt eingestellt, pasteurisiert und homogenisiert. Je nach Bedarf wird die Trockenmasse durch Eindampfen von Wasser oder durch Zugabe von Milcheiweiß (Magermilchpulver) erhöht. Bei Säuerungstemperaturen von 42–44 °C kommen die Joghurtkulturen hinzu. Flüssig, wie der angehende Joghurt nun noch ist, wird er in die

Verkaufspackungen abgefüllt und etwa 2–3 Stunden bei 42°C in Wärmekammern bebrütet. Dabei verwandeln die Milchsäurebakterien den Milchzucker in Milchsäure, die dann wiederum das Milcheiweiß zum Gerinnen bringt. Nachdem der gewünschte Säuregrad erreicht ist, dies stellt der Fachmann mit einem pH-Meter fest, wird die Bebrütung durch Abkühlung abgebrochen. Der fertige Joghurt wartet nun in Kühlräumen auf seinen Abtransport.

Die verschiedenen Joghurtsorten

Grundsätzlich wird, nach neuester Verordnung für Milcherzeugnisse, Joghurt nach genauer Festlegung der Milchsäurebakterien unterteilt in: »Joghurt« und »milder Joghurt«. Alle Standarderzeugnisse dürfen seit dem 1. 10. 1988 nach der Säuerung nicht mehr erhitzt werden und keine Zusätze von Dickungsmitteln wie Pektine, Stärke oder Gelatine enthalten. Zu den Standardsorten zählen alle gesäuerten, naturbelassenen Milcherzeugnisse wie Joghurt, Sauermilch, Kefir und Buttermilch.
Nach dem Fettgehalt wird bei Joghurt unterschieden zwischen:

- **Vollmilchjoghurt**

Der Fettgehalt beträgt 3,5% und der Brennwert liegt bei 67 kcal/282 kJ.

- **Fettarmer Joghurt**

Der Fettgehalt liegt zwischen 1,5% und 1,8% und der Brennwert liegt bei ca. 49 kcal/206 kJ.

- **Magermilchjoghurt**

Mit einem Fettgehalt von höchstens 0,3% ist dieser Joghurt am kalorienärmsten (38 kcal/160 kJ).

Exoten-Cup (Rezept Seite 33)

Birnen-Kefir mit Knusperflocken – Schneller Erdbeer-Kefir-Shake
(Rezepte Seite 39 und 38)

- **Sahnejoghurt**

Muß einen Mindestfettgehalt von 10% aufweisen. Dadurch bringt er es auch auf einen stolzen Brennwert von 124 kcal/520 kJ.

Als *Gruppenerzeugnisse* werden Milchprodukte bezeichnet, die durch Zusätze wie Früchte, Kräuter usw. verändert werden. Diese Lebensmittel dürfen zwar wärmebehandelt werden oder einen Bindemittelzusatz enthalten, allerdings muß dies auf der Packung vermerkt werden. Ein bekannter Vertreter dieser Erzeugnisse ist:

- **Fruchtjoghurt**

Es gibt ihn mit 1,5%, 3,5% und 10% Fettgehalt.
Beim Fruchtjoghurt werden entweder Fruchtmasse und Joghurt verrührt oder die Fruchtzubereitung separat hinzugegeben. Die Verwendung von Bindemittel wird dadurch überflüssig. Zur Milderung der Fruchtsäure und zur Geschmacksabrundung werden im Schnitt 7–8% Zucker zugesetzt. Der Zusatz von Süßstoff oder Zuckeraustauschstoffen ist kennzeichnungspflichtig.

Joghurt ist gesund!

Da das Ausgangsprodukt Milch ist, enthält auch Joghurt alle wertvollen Inhaltsstoffe der Milch. Also hochwertiges Eiweiß, leichtverdauliches Fett und Milchzucker, der teilweise abgebaut zu Milchsäure für eine ausgeglichene Darmfunktion sorgt. Ebenso sind fast alle Mineralstoffe und Vitamine der Milch in dem beliebten Sauermilchprodukt enthalten. So sorgt Joghurt bei Kleinkindern für ein gesundes Wachstum, unterstützt bei Schulkindern die Konzentrationsfähigkeit und steigert bei Erwachsenen die Vitalität.

Joghurt, selbstgemacht

Obwohl das Joghurtangebot riesig ist, geht es vielen Joghurtfans so wie einem echten Marmeladenliebhaber – am besten schmeckt's »selbstgemacht«.
Die Herstellung ist denkbar einfach – Milch kurz erhitzen, auf 40 °C abkühlen lassen, dann mit etwas gekauftem Bioghurt (3,5% Fett) impfen (verrühren) und einige Stunden in einem Joghurtbereiter bebrüten. Anschließend im Kühlschrank erstarren lassen. Genaue Anleitung liegt jedem Joghurtbereitungsgerät bei.

Tips rund um den Joghurt

- Geben Sie an heißen Sommertagen alle Milchprodukte erst zum Schluß in den Einkaufswagen und nehmen Sie, falls der Nachhauseweg länger ist, eine Kühltasche mit.
- Kaufen Sie keine Packungen mit gewölbtem Deckel – der Inhalt ist verdorben.
- Legen Sie Wild- oder Rindfleisch vor der Zubereitung in Joghurt ein. Dadurch wird das Fleisch besonders zart.
- Falls Joghurt beim Kochen ausflockt, was bei höheren Temperaturen leicht passieren kann, hilft ein einfacher Trick: Verrühren Sie Joghurt mit Mehl, Speisestärke oder Semmelbröseln.
- Zwei, die nicht zusammenpassen – Joghurt und Kiwi! Kiwis enthalten das Enzym Actinidin, das Milchprodukte bitter werden läßt.

Alles über Sauermilch, Buttermilch und Kefir

Sauermilch

Hinter diesem Gruppennamen versteckt sich eine Vielzahl von Produkten, bei denen aber das Herstellungsverfahren immer das Gleiche ist: Pasteurisierte Milch wird mit Reinkulturen von Milchsäurebakterien geimpft – dadurch gerinnt das Milcheiweiß und es entsteht Sauermilch.
Im Unterschied zu Joghurt werden bei Sauermilch andere Säurewecker verwendet. Sauermilchprodukte haben, ob sämig-flüssig oder auch stichfest, meist einen sehr mild-säuerlichen Geschmack. Im Handel werden sie als *Trinksauermilch* mit den gleichen Fettstufen wie herkömmliche Milch angeboten, oder als *Dickmilch,* also dickgelegte Sauermilch, ebenfalls mit 3,5% Fett, 10% Fett oder als magere Variante. Ebenso wie Joghurt gibt es auch Dickmilch mit Fruchtzusatz, und auch diese wiederum in allen Fettgehaltsstufen.
Wie alles, was aus Milch hergestellt wird, sind auch Sauermilchprodukte ausgesprochen gesunde Fitmacher.

Kefir

Kefir heißt ein schwach säuerliches, spritzig-erfrischendes Milchgetränk. Erfunden wurde es von kaukasischen Gebirgsstämmen, die es heute noch »Getränk der Hundertjährigen« nennen. Im

Gegensatz zu Joghurt, der Wärme liebt, gedeiht Kefir am besten bei kälteren Temperaturen (5–23 °C). Die Milch wird mit Milchsäurebakterienkulturen und Milchzucker vergährenden Hefen, den Kefirkörnern, gründlich verrührt und dann 24 Stunden bei etwa 20 °C stehengelassen. Die Körner werden abgesiebt und der Kefir kann verpackt werden. Die Kohlensäurebildung geht in der Packung weiter, deshalb ist ein gewölbter Deckel bei Kefir nichts Ungewöhnliches und deutet keinesfalls auf verdorbene Ware hin. Kefir gibt es aus Vollmilch, fettarm, mit Sahne (10 % Fett) und mit Fruchtzusätzen.

Buttermilch

Buttermilch nimmt unter allen Frischmilchprodukten eine Sonderstellung ein, denn sie wird nicht aus Milch hergestellt. Buttermilch entsteht bei der Butterherstellung. Beim mechanischen Schlagen des Rahms platzen die Fettkügelchen, dabei fließt das Milchfett aus und schließt sich zu Butterkörnchen zusammen, während Milcheiweiß und wichtige Mineralstoffe in die zurückbleibende Flüssigkeit übergehen. Dieses »Abfallprodukt« *Buttermilch* ist sehr eiweißreich und wegen des niedrigen Fettgehaltes unter 1 % auch extrem kalorienarm.
Man unterscheidet *Buttermilch* – hierbei dürfen bis zu 10 % Wasser oder bis zu 15 % Magermilch zugesetzt werden und *reine Buttermilch,* der keinerlei Flüssigkeit zugesetzt werden darf.
Lediglich *Buttermilcherzeugnissen,* wie z. B. Buttermilch mit Früchten, darf laut neuester Verordnung auch Sahne zugesetzt werden.

Der gesundheitliche Wert aller Sauermilchprodukte entspricht dem der Milch, hervorzuheben ist jedoch die Buttermilch als schmackhafter, besonders fettarmer Durstlöscher an heißen Sommertagen.

Alles über Sahne

Schon vor etwa 5000 Jahren schöpften die Menschen den aus der Milch nach oben steigenden Rahm ab und fanden Gefallen an dieser Köstlichkeit. Mit der Erfindung der Zentrifuge begann die steile Karriere der Sahne. Von nun an konnte, durch den Schleudervorgang, das begehrte Milchfett von der Milch getrennt werden, und an diesem Herstellungsprinzip hat sich bis heute nichts geändert.

Die verschiedenen Rahmsorten

Grundsätzlich sind alle Rahmsorten pasteurisiert.

- *Schlagsahne*

Sie hat einen Mindestfettgehalt von 30%. Sie wird in Bechern zu 200 g, 250 g oder mittlerweile erfreulicherweise auch in 500 g-Rückgabeflaschen verkauft.

- *Kaffeesahne*

Gibt es mit einem Fettgehalt von 10, 12 und 15%. Durch Ultrahocherhitzen und Sterilisieren wird Kaffeesahne haltbar gemacht.

- *Saure Sahne* bzw. *Sauerrahm*

Entsteht durch Aufrahmen und Säuern von pasteurisierter Milch. Der Fettgehalt liegt bei mindestens 10%.

- *Crème fraîche*

Sie ist der Aufsteiger unter den Sahneprodukten.
In Frankreich, dem Geburtsland der dickflüssigen Sahne, ist sie schon lange nicht mehr aus der feinen Küche wegzudenken. Seit einigen Jahren beginnt aber auch bei uns ein rasanter Siegeszug der sahnigen Crème, die leicht zu portionieren ist und beim Kochen nicht ausflockt.
Die Herstellungsvorschriften orientieren sich an der französischen Rezeptur: keine Bindemittel, nachträgliche Wärmebehandlung und ein Mindestfettgehalt von 30%.

- *Crème double*

So heißt die »Super-Sahne« mit 42% Fett, ebenfalls eine französische Erfindung, die jeden Feinschmecker begeistert. Sie eignet sich zum Verfeinern von Saucen und Suppen und verleiht, leicht geschlagen, vielen Speisen das gewisse Etwas.

- *Schmand*

In nördlichen Gefilden seit altersher bekannt, findet er nun auch im südlichen Teil Deutschlands immer mehr Freunde. Schmand ist ein löffelfester Sauerrahm mit einem Fettgehalt von 20–29%. Geschmacklich ist er zwischen saurer Sahne und Crème fraîche einzuordnen.

Wie gesund ist Sahne?

Wie so vieles, was gut schmeckt, haben auch Sahneprodukte ihren Haken. Eine mit Crème double verfeinerte Sauce hat natürlich einen stolzen Kaloriengehalt und, da es sich um tierisches Fett handelt, ist auch Cholesterin im Spiel. All jene, die mit Übergewicht kämpfen oder einen hohen Cholesterinspiegel haben, sollten daher hochprozentige Sahneprodukte einschränken und statt dessen auf Sauerrahm oder Kaffeesahne ausweichen.

Es darf allerdings nicht übersehen werden, daß Sahne auch wertvolles Eiweiß, leichtverdauliches Milchfett und natürlich viele fettlösliche Vitamine und Mineralstoffe enthält. Sinnvoll verwendet, ist Sahne wichtiger Bestandteil einer ausgewogenen Ernährung.

Sahne – Das Tüpfelchen auf dem i

Da sie neutral im Geschmack ist, verzaubert Sahne süße und salzige Speisen gleichermaßen. Was wäre eine Erdbeertorte oder ein Zwetschgenkuchen ohne Sahne, oder eine herzhafte Fleischspeise ohne den letzten sahnigen Pfiff.

- Sahne und Sahneerzeugnisse sind licht- und wärmeempfindlich. Deshalb angebrochene Packungen nie unnötig lange offen herumstehen lassen, sondern kühl, am besten im Kühlschrank, aufbewahren.
- Bei Temperaturen von 5–6 °C und einem Fettgehalt von 32 bis 34 % läßt sich Sahne am besten steif schlagen. Das hierfür benutzte Gefäß muß unbedingt fettfrei sein.

- Beim Sahneschlagen mit dem Schneebesen eines elektrischen Handrührgerätes nicht auf höchster Stufe beginnen, sondern langsam starten. Je mehr Luft in die Sahne geschlagen wird, desto lockerer wird sie. Erst kurz vor Beendigung des Schlagens mit Zucker, Puderzucker oder Süßstoff süßen.
- Achten Sie beim Kauf auf das Haltbarkeitsdatum. Alt gewordene Sahne wird nicht, wie häufig vermutet, saure Sahne, sondern sie schmeckt bitter, und sollte nicht mehr verwendet werden.

Alles über Frischkäse

Unter Frischkäse versteht man alle Käsesorten, die ungereift verzehrt werden. Sie schmecken frisch am besten und sind daher zum baldigen Verbrauch bestimmt.
Der Fettgehalt wird laut Käseverordnung bei allen Frischkäsesorten in der Trockenmasse (i. Tr.) angegeben. Der tatsächliche Fettgehalt ist wesentlich geringer, da die meisten Sorten einen relativ hohen Wassergehalt aufweisen.

Die verschiedenen Frischkäse

Zur Gruppe der Frischkäse zählen:

- *Speisequark (Topfen) in verschiedenen Fettgehaltstufen*

Speisequark ist seit Jahrtausenden der »Urkäse« schlechthin, der mehr oder weniger zufällig durch die natürliche Säuerung und Entmolkung der Milch entstand. Seit dem 19. Jahrhundert wird Speisequark molkereimäßig hergestellt, und zwar grundsätzlich nur aus entrahmter Milch, die vorher kritisch auf Reinheit, frischen Geschmack, Keimarmut und Käsetauglichkeit überprüft wird.
Erst nach der Zentrifugation, das heißt nach dem Abscheiden der Molke, wird dem Quark die gewünschte Fettmenge in Form von pasteurisiertem Rahm zugesetzt. Demnach wird unterteilt in:

Magerquark unter 0,2 g Fett. Der Brennwert beträgt 72 kcal/301 kJ

Speisequark mit 10 % Fett i. Tr. entspricht einem tatsächlichen Fettgehalt von 2 g/100 g und 85 kcal/354 kJ

Speisequark mit 20 % i. Tr. enthält 4,4 g Fett/100 g und 103 kcal/430 kJ
Speisequark mit 40 % i. Tr. enthält 10,3 g Fett/100 g und 148 kcal/621 kJ

Neben diesen Standardprodukten gibt es eine Vielzahl von Quarkzubereitungen von süß bis pikant und jeweils mit unterschiedlichem Fettgehalt.

- *Schichtkäse und körniger Schichtkäse, bekannt unter Hütten- oder Cottagecheese*

Schichtkäse, früher überaus geschätzt für die Zubereitung von Kuchen und Gebäck, verschwand lange Zeit fast völlig aus den Kühlregalen des Lebensmittelhandels. In den letzten Jahren steigt die Nachfrage nach diesem Frischkäse wieder. Im Unterschied zu Quark wird die dickgelegte Milch nicht zentrifugiert, sondern schichtweise in Formen geschöpft, aus denen die Molke ablaufen kann. Da dieser Schöpfvorgang auch heute noch mit der Hand gemacht wird, ist Schichtkäse etwas teurer als Quark.

Cottage- oder *Hüttenkäse* wird wie Quark aus pasteurisierter Milch hergestellt. Nach dem Dicklegen wird die Milch mit einer Käseharfe in gleichmäßige Würfelchen geschnitten und die abgesetzte Molke abgelassen. Anschließend werden die kleinen Eiweißwürfelchen mit heißem Wasser gewaschen, das Milcheiweiß zieht sich zusammen, und es entstehen die festen Bruchkörner.

In den 20er Jahren, von den Amerikanern erfunden, gewinnt der *Cottage-Cheese* oder *Hüttenkäse,* wie er bei uns meist genannt wird, zunehmend an Bedeutung. Geschätzt wird der körnige Käse vor allem von Schlankheitsbewußten, da er sehr eiweißreich und kalorienarm ist.

- *Rahmfrischkäse und Doppelrahmfrischkäse*

Diese beiden Frischkäsesorten sind die exquisite Weiterentwicklung des Speisequarks. Im Unterschied zum einfachen Verwandten wird Frischkäse aus Vollmilch hergestellt, der noch zusätzlich Rahm und etwas Lab (Eiweißspaltendes Gerinnungsmittel für die Käseproduktion) beigefügt wird. Dadurch ist der Fettgehalt höher, die Konsistenz ist etwas fester und dadurch besonders gut streichfähig.

Rahmfrischkäse hat mindestens *50% Fett. i. Tr.,* das entspricht einem tatsächlichem Fettgehalt von 14,5 g/100 g. Der Brennwert liegt bei 183 kcal/767 kJ.

Doppelrahmfrischkäse darf einen Fettgehalt zwischen *60 und 85% i. Tr.* haben. 60% Fett i. Tr. entsprechen einem tatsächlichen Fettgehalt von 23 g. Der Brennwert liegt bei 257 kcal/183 kJ.

- *Mascarpone*

Noch vor einigen Jahren wußten nur echte Italien-Liebhaber mit diesem Begriff etwas anzufangen. Heute, im Dessertzeitalter der Tiramisu, kann man Mascarpone in fast jedem Supermarkt kaufen. Der Frischkäse *Mascarpone* kommt ursprünglich aus der Lombardei. Das Ausgangsprodukt ist Sahne, die mit Zitronen- oder Weinsäure zum Gerinnen gebracht wird. So entsteht ein fetter, streichfähiger Frischkäse, mit dem bevorzugt Süßspeisen zubereitet werden. Anstelle von Butter oder Sahne mischt man den cremigen Frischkäse auch gerne unter Pastasaucen. 100 g Mascarpone enthalten ca. 5 g Eiweiß, 48 g Fett und 510 kcal/2135 kJ.

Ricotta, auch ein Newcomer aus Italien, wird ähnlich wie Quark zubereitet; meist aus Kuh- oder Schafsmilch, je nach Region kann es auch Büffel- oder Ziegenmilch sein. Der Fettgehalt ist je nach Milchsorte unterschiedlich. Es gibt den weichen, weißen, leicht krümeligen Frischkäse in verschiedenen Variationen, z.B. frisch, gesalzen, trocken, oder gereift und manchmal auch geräuchert. Frischer Ricotta wird hauptsächlich zum Kochen verwendet, für süße und pikante Speisen. Der Kaloriengehalt hängt vom Fettgehalt der jeweiligen Milch ab.

Tips rund um Frischkäse

- Frischkäse sollte, wie der Name schon sagt, so frisch wie möglich verzehrt werden. Im Schnitt hält sich Frischkäse bei küh-

Alle Nährwerte auf einen Blick

Lebensmittel je 100 g verzehrbarer Anteil	**Energie**		**Hauptnährstoffe**		
	kJ	kcal	Fett g	Eiweiß (Protein) g	Kohlenhydrate g
Konsummilch					
Rohmilch, Vorzugsmilch	287	69	3,8	3,3	4,8
Vollmilch, 3,5 % Fett, pasteurisiert	275	66	3,5	3,3	4,8
H-Milch mit natürlichem Fettgehalt	287	69	3,8	3,3	4,8
Teilentrahmte (fettarme) Milch, 1,5 % Fett	201	48	1,5	3,4	4,9
Entrahmte Milch (Magermilch)	148	35	0,1	3,4	5
H-Milch, entrahmt (H-Magermilch)	148	35	0,1	3,4	5
Milcherzeugnisse					
Sauermilch/Dickmilch aus Vollmilch, 3,5 % Fett	273	65	3,5	3,3	4
Fettarme Dickmilch	199	48	1,5	3,4	4,1
Saure Sahne	508	122	10	3,1	3,3
Sauerrahm mit 20 % Fett	887	212	20	2,8	3
Crème fraîche mit 30 % Fett	1265	302	30	2,5	2,4
Vollmilchjoghurt, 3,5 % Fett	273	65	3,5	3,3	4
Fruchtjoghurt aus Vollmilch, 3,5 % Fett	416	99	3,1	2,9	13,5
Fettarmer Joghurt, 1,5 % Fett	199	48	1,5	3,4	4,1
Fettarmer Fruchtjoghurt	346	83	1,3	3	3,6
Magermilchjoghurt	146	35	0,1	3,4	4,2
Trinkjoghurt aus Magermilch	256	61	0,1	3,2	10,9
Kefir aus Vollmilch, 3,5 % Fett	273	65	3,5	3,3	4
Fettarmer Kefir	199	48	1,5	3,4	4,1
Reine Buttermilch	149	36	0,6	3,2	3,5
Fruchtbuttermilch	269	64	0,6	2,9	10,8
Kaffeesahne mit 10 % Fett	530	127	10,5	3,1	4
Schlagsahne (mindestens 30 % Fett)	1305	312	31	2,5	3,2
Schlagsahne extra	1490	357	36	2,3	3
Schichtkäse, 10 % Fett i. Tr.	395	94	2,4	12,7	–
Speisequark, 40 % Fett i. Tr.	670	160	11,4	11,1	3,3
Speisequark, mager	304	73	0,3	13,5	4,0
Doppelrahmfrischkäse, 60 % Fett i. Tr.	1375	329	31,5	11,3	–
Hüttenkäse, 20 % Fett i. Tr.	428	102	4,3	12,3	3,6
Mascarpone	510	122	48	5	4

Quellen: Renner, Edmund u. Renz-Schaun, Anna: Nährwerttabellen für Milch und Milchprodukte, Verlag B. Renner, Gießen 1987; Angaben über Rohmilch aus: Souci, Fachmann, Kraut: Die Zusammensetzung der Lebensmittel, Nährwerttabellen 1986/87, Wissenschaftliche Verlagsgesellschaft mbH, Stuttgart 1986

Mineralstoffe						Vitamine			Chole-sterin
Natrium	Kalium	Calcium	Phos-phor	Eisen	Fluor	A	B_1	B_2	
mg	mg	mg	mg	mg	mg	mg	mg	mg	mg
48	157	120	92	0,05	0,017	0,03	0,04	0,18	12,3
50	150	120	100	0,05	0,013	0,06	0,04	0,17	13
50	150	120	100	0,05	0,013	0,06	0,04	0,17	14
50	150	120	100	0,05	0,013	0,03	0,04	0,17	6
50	160	120	100	0,05	0,013	–	0,04	0,18	1
50	160	120	100	0,05	0,013	–	0,04	0,18	1
50	150	120	100	0,05	0,013	0,06	0,04	0,17	13
50	150	120	100	0,05	0,013	0,03	0,04	0,17	6
40	140	110	90	0,14	0,012	0,17	0,04	0,19	37
40	130	100	80	0,13	0,011	0,12	0,04	0,17	65
30	110	90	70	0,11	0,01	0,50	0,03	0,15	90
50	150	120	100	0,05	0,013	0,06	0,04	0,17	13
40	130	100	90	0,04	0,011	0,05	0,03	0,15	11
50	150	120	100	0,05	0,013	0,03	0,04	0,17	6
40	130	100	90	0,04	0,011	0,03	0,03	0,15	5
50	160	120	100	0,05	0,013	–	0,04	0,18	1
50	150	110	90	0,05	0,012	–	0,04	0,18	1
50	150	120	100	0,05	0,013	0,06	0,04	0,17	13
50	150	120	100	0,05	0,013	0,03	0,04	0,17	6
60	150	110	80	0,1	0,02	0,01	0,03	0,16	2
50	140	100	70	0,1	0,018	0,01	0,03	0,15	2
40	140	110	90	0,14	0,012	0,18	0,04	0,19	39
30	110	90	70	0,11	0,01	0,50	0,03	0,15	90
30	100	90	70	0,11	0,01	0,60	0,03	0,14	105
39	125	77	163	–	–	–	–	–	–
34	82	95	187	0,3	0,02	–	0,03	0,24	37
40	95	92	160	0,4	0,03	–	0,04	0,31	1
375	95	79	137	–	0,4	–	0,05	0,23	103
230	88	79	200	0,4	–	–	0,05	0,30	4
400	80	60	130	0,21	0,012	0,81	0,02	0,21	138

Zeichenerklärung: – = keine Daten kcal = Kilokalorien (1 kcal = 4,2 kJ)
kJ = Kilojoule mg = Milligramm (1 mg = 0,001 g)

ler Lagerung von +4°C bis zu 14 Tage, Rahm- und Doppelrahmfrischkäse sind ungeöffnet bei +4°C bis zu 3 Wochen haltbar.

- Achten Sie beim Kauf auf das Mindesthaltbarkeitsdatum. Alter Frischkäse schmeckt muffig und bitter.
- Quark bleibt besonders lange frisch und saftig wenn man die gut verschlossene Packung auf den Kopf stellt.
- Wird Quark zum Kuchenbacken verwendet, ist es ratsam, ihn einige Stunden auf einem Sieb abtropfen zu lassen. Je trockener der Quark, desto besser das Backergebnis.
- Nehmen Sie Quark anstelle von Brot zum Lockern von Fleischteigen. Das schmeckt fein und ist kalorienarm.

Köstlich erfrischende Mixereien mit Milchprodukten

Exoten-Cup

(Foto Seite 17)

Für 4 Personen
Zubereitungszeit: 20 Minuten

2 EL Kokosraspeln · ½ l Ananassaft · 3 TL Instant-Kakao
¼ l Vollmilch · 500 ml Schoko-Orangen-Eis · ¼ l Sahne

1. Die Kokosraspeln trocken in einer Pfanne goldgelb rösten. Abkühlen lassen.

2. Ananassaft mit Kakao und Vollmilch verquirlen.

3. Das Eis in vier Würfel schneiden und auf vier hübsche Gläser verteilen. Mit der Milch-Ananas-Mischung begießen und mit der steifgeschlagenen Sahne bedecken. Mit den Kokosraspeln bestreuen und sofort servieren.

Schokolade-Mokka-Frappé

Für 4 Personen

Zubereitungszeit: 15 Minuten

½ l Vollmilch · 2 EL Instant-Kakao · 1 EL Vanillezucker

0,1 l kalter Espresso · Zucker nach Geschmack

4 Kugeln Schokoladeneis · 4 TL geraspelte Schokolade

Milch, Kakao, Vanillezucker, Espresso und Zucker gut miteinander verquirlen, auf vier Longdrinkgläser verteilen und jeweils eine Kugel Eis hineingeben. Mit Schokoraspeln bestreut servieren.

Walnuß-Flip

Für 4 Personen

Zubereitungszeit: 10 Minuten

4 Becher Vollmilchjoghurt à 150 g · 4 TL Instant-Kakao

4 EL feingehackte Walnüsse · 2 EL Cognac

0,2 l Sahne · Zucker nach Geschmack

4 Walnußhälften · etwas Schokoraspeln

1. Joghurt, Kakao, Walnüsse und Cognac verquirlen, dabei 0,1 l flüssige Sahne dazugießen. Die Mischung gut gekühlt, auf 4 Gläser verteilen.

2. Die restliche Sahne steif schlagen und auf den Drink geben. Mit jeweils ½ Walnuß und etwas Schokoraspel verzieren.

Spinat-Kefir-Flip (Rezept Seite 41)

Avocado-Kefir-Parfait (Rezept Seite 51)

Bananen-Shake

Für 4 Personen

Zubereitungszeit: 15 Minuten

3 kleine Bananen · ½ l Vollmilch · 2 Eigelb

2 EL Vanillezucker · ⅛ l Sahne · Schokoraspeln

1. Die Bananen schälen, 4 dicke Scheiben abschneiden und beiseite legen, den Rest mit gut gekühlter Milch, Eigelb und Vanillezucker im Mixer fein pürieren.

2. Die gut gekühlte Bananenmilch auf vier Gläser verteilen und mit der steif geschlagenen Sahne bedecken. Mit den Bananenscheiben und Schokoraspeln garnieren.

Himbeer-Buttermilch-Shake

Für 4 Personen

Zubereitungszeit: 10 Minuten

250 g Himbeeren · 40 g Zucker · 2 cl Himbeergeist

½ l Buttermilch · ⅛ l Sahne · Minze

1. Einige Himbeeren für die Garnitur beiseite legen. Den Rest mit Zucker und Himbeergeist im Mixer pürieren. Das Fruchtpüree durch ein Sieb streichen.

2. Das Fruchtmark mit der gut gekühlten Buttermilch und Sahne verquirlen und auf vier Sektgläser verteilen. Mit je einer Himbeere und Minze garnieren.

Sauerkirsch-Kefir

Für 4 Personen

Zubereitungszeit: 10 Minuten

400 g Sauerkirschen · ca. 100 g Zucker

½ l Kefir (3,5 % Fett) · ⅛ l Vollmilch · ⅛ l Sahne

evtl. etwas Kirschwasser

Die Sauerkirschen waschen, entsteinen und mit dem Zucker im Mixer fein pürieren. Kefir, Milch und Sahne dazugeben und alles schaumig aufschlagen. Auf vier gut gekühlte Gläser verteilen und servieren.

Schneller Erdbeer-Kefir-Shake

(Foto Seite 18)

Für 4 Personen

Zubereitungszeit: 5 Minuten

¾ l Kefir (3,5 % Fett) · 2 EL Erdbeerkonfitüre

Zucker nach Geschmack · 2 cl Cointreau (klarer Orangenlikör)

4 große Kugeln Erdbeereis

Kefir und Konfitüre im Mixer fein pürieren. Mit Zucker und Orangenlikör abschmecken und auf vier Gläser verteilen. Jeweils eine Kugel Eis in die Mitte geben.

Birnen-Kefir mit Knusperflocken

(Foto Seite 18)

Für 4 Personen

Zubereitungszeit: 20 Minuten

4 EL kernige Haferflocken · 4 EL Zucker

¾ l Kefir (3,5 % Fett) · ⅛ l Sahne · etwas gemahlener Zimt

2 vollreife aromatische Birnen

1. Die Haferflocken mit 2 EL Zucker in einer Pfanne ohne Fettzugabe unter ständigem Rühren karamelisieren lassen.
2. Den Kefir mit der Sahne, dem restlichen Zucker und mit Zimt gründlich verquirlen.
3. Die Birnen schälen, halbieren, entkernen und auf der groben Seite einer Rohkostreibe raspeln. Die Birnenraspeln unter den Kefir mischen, auf Gläser verteilen und die gerösteten Haferflokken jeweils in die Mitte geben.

Nuß-Nougat-Buttermilch

Für 4 Personen

Zubereitungszeit: 15 Minuten

Kühlzeit: etwa 1 Stunde

½ l Buttermilch · 80 g Nuß-Nougat-Masse · ⅛ l starker Kaffee

⅛ l Sahne · 4 TL gehackte, geröstete Haselnüsse

1. Die Buttermilch bei schwacher Hitze erwärmen und die Nuß-Nougat-Masse in kleinen Stückchen hinzufügen. Unter Rühren

schmelzen lassen. Von der Kochstelle nehmen, den kalten Kaffee dazugießen und in den Kühlschrank stellen.

2. Die Sahne steif schlagen. Die Buttermilch-Mischung auf vier hohe Gläser verteilen und jedes Glas mit einer Sahnehaube krönen. Mit Haselnüssen bestreut servieren.

Heiße Karamelmilch

Für 4 Personen

Zubereitungszeit: 10 Minuten

80 g Zucker · ½ l Vollmilch · ⅛ l Sahne

1 EL brauner Zucker · 1 Msp gemahlener Zimt

Den Zucker in einer Kasserolle unter Rühren karamelisieren lassen. Mit Milch und Sahne aufgießen, braunen Zucker und Zimt dazugeben und unter weiterem Schlagen mit einem Schneebesen so lange erhitzen, bis sich der Karamel löst. In feuerfeste Gläser füllen, mit etwas Zimt bestäuben und heiß genießen.

Spinat-Kefir-Flip

(Foto Seite 35)

Für 4 Personen
Zubereitungszeit: 20 Minuten

150 g junge Spinatblätter
1 mittelgroßer, aromatischer Apfel · 1 Bund Petersilie
1 Knoblauchzehe · ½ l Kefir (3,5 % Fett)
⅛ l Sahne · Salz
weißer Pfeffer, frisch gemahlen · Muskatnuß

1. Den Spinat sorgfältig verlesen, dicke Mittelrippen entfernen und gründlich waschen.

2. Den Apfel schälen, vierteln und entkernen. Gemeinsam mit dem Spinat, der geschälten Knoblauchzehe und der gewaschenen, trocken getupften Petersilie im Mixer fein pürieren. Den gut gekühlten Kefir hinzufügen, mit Salz, Pfeffer und Muskat würzig abschmecken und noch einmal kräftig durchrühren. Auf vier hübsche Gläser verteilen und als pikante Erfrischung reichen.

Gurken-Shake mit Dill

Für 4 Personen
Zubereitungszeit: 15 Minuten

1 mittelgroße Salatgurke · ½ l saure Sahne
⅛ l süße Sahne · 1 Bund Dill · Salz
weißer Pfeffer, frisch gemahlen · etwas Cayennepfeffer
1–2 EL Zitronensaft

1. Die Gurke schälen, halbieren und mit Hilfe eines Teelöffels entkernen. Ein Drittel der Gurke in winzig kleine Würfel schneiden. Den Rest grob würfeln und im Mixer mit den beiden Sahnesorten fein pürieren.

2. Einige Dillzweige beiseite legen, den Rest hacken und zu der Gurkenmilch geben. Mit Salz, Pfeffer, Cayennepfeffer und Zitronensaft würzen und noch einmal kräftig im Mixer vermischen.

3. Die Gurkenwürfel unter die Gurkenmilch geben, auf vier hohe Gläser verteilen und mit einem Dillzweig garniert servieren.

Tip: Anstatt Gurkenwürfel gehäutete Tomatenwürfel unter den Drink mischen.

Aprikosen-Frappé

Für 4 Personen

Zubereitungszeit: 15 Minuten

1 kleine Dose Aprikosen (ca. 250 g) · 4 cl Aprikosengeist

½ l Vollmilch · Zucker nach Geschmack · ⅛ l Sodawasser

⅛ l Sahne · 1 EL gehackte Pistazien

Die Aprikosen mitsamt Saft, Alkohol und Vollmilch im Mixer fein pürieren. Mit Zucker nach Geschmack süßen und mit Sodawasser auffüllen. Auf vier Gläser verteilen und mit einer Haube aus geschlagener Sahne krönen. Mit Pistazien bestreuen.

Würziger Kresse-Drink

Für 2 Personen
Zubereitungszeit: 15 Minuten

100 g Brunnenkresse · 1 kleine Knoblauchzehe
¼ l Kefir (3,5 % Fett) · ⅛ l Sahne · Salz
weißer Pfeffer, frisch gemahlen · 1 Msp feinwürziger Senf

1. Die Brunnenkresse verlesen und waschen. Die Blätter abzupfen, einige Blätter zur Seite legen und den Rest mit der geschälten Knoblauchzehe fein hacken.
2. Kefir und Sahne gründlich verquirlen, Kresse-Knoblauch-Mischung hinzufügen und mit Salz, Pfeffer und Senf würzig abschmecken. Auf zwei Gläser verteilen und mit Kresseblättchen bestreuen.

Tomaten-Buttermilch-Shake

Für 2 Personen
Zubereitungszeit: 10 Minuten

½ l Buttermilch · ⅛ l Tomatensaft
1 TL Tomatenmark · 1 Prise Zucker · Salz
schwarzer Pfeffer, frisch gemahlen · 2 Eiswürfel
2 EL Sahnejoghurt · 6 Basilikumblätter

1. Die gut gekühlte Buttermilch mit Tomatensaft und -mark gründlich verquirlen. Mit Zucker, Salz und Pfeffer herzhaft würzen.

2. Je 2 Eiswürfel in ein hohes Glas geben, die Buttermilch-Tomaten-Mischung darübergießen und jeweils einen Löffel Sahnejoghurt in die Mitte geben. Mit feingeschnittenen Basilikumblättern bestreuen.

Pikanter Vitamincocktail

Für 4 Personen

Zubereitungszeit: 15 Minuten

2 Fleischtomaten · 1 Schalotte · 1 Knoblauchzehe

½ Salatgurke · 1 Bund Frühlingskräuter

½ l Buttermilch · ⅛ l Sahne · Salz

weißer Pfeffer, frisch gemahlen

etwas Paprikapulver, edelsüß · Cayennepfeffer

1 EL Zitronensaft

1. Die Tomaten kurz blanchieren, häuten, halbieren und ohne Stengelansätze und Kerne in den Mixer geben. Die Salatgurke entkernen, in grobe Stücke schneiden und mit der geschälten, zerteilten Schalotte und der Knoblauchzehe dazugeben und im Mixer fein pürieren.

2. Die Kräuter fein hacken und zu dem Püree geben. Buttermilch und Sahne dazugießen und kurz durchmixen. Mit Salz, Pfeffer, Paprika, Cayennepfeffer und Zitronensaft herzhaft würzen und auf vier Gläser verteilen. Gut gekühlt servieren.

Vorspeisen, Salate und Snacks

Tomaten mit Mais-Quark-Füllung

Für 4 Personen

Zubereitungszeit: 20 Minuten

4 mittelgroße Tomaten · 1 Schalotte · 1–2 Knoblauchzehen

4 EL Maiskörner aus der Dose

250 g Sahnequark (40 % Fett i. Tr.) · 1 TL scharfer Senf

Salz · schwarzer Pfeffer, frisch gemahlen

Cayennepfeffer · 1 Bund Schnittlauch · 2 Kästchen Kresse

1. Die Tomaten waschen und an der Oberseite einen Deckel abschneiden. Das Fruchtfleisch mit einem kleinen Löffel herausholen. Die ausgehöhlten Tomaten mit der Öffnung nach unten auf eine Platte legen.

2. Schalotte und Knoblauch schälen, fein hacken und mit den Maiskörnern unter den Quark rühren. Mit Senf, Salz, Pfeffer und Cayennepfeffer würzig abschmecken.

3. Den Schnittlauch fein schneiden und unter den Quark mischen. Die Tomaten umdrehen, das Innere mit Salz und Pfeffer würzen und mit dem Maisquark füllen.

4. Die gefüllten Tomaten auf einer Platte anrichten und mit der abgeschnittenen Kresse umkränzen.

Tip: Zusätzlich noch rote Paprikawürfel unter den Quark mischen.

Quark-Pastete

Für 10—12 Personen
Zubereitungszeit: 1 Stunde
Kühlzeit: 3 Stunden

12 Blatt weiße Gelatine · 1000 g Sahnequark (40 % Fett i. Tr.)
200 g Sahne · Salz · weißer Pfeffer aus der Mühle
200 g tiefgekühlte Erbsen · 2 EL gehackte Petersilie
Meerrettich · 3 hartgekochte Eier · 1 Msp gemahlener Safran
2 Fleischtomaten · 1 EL Tomatenmark
1 TL Paprikamark · Öl für die Form

1. Die Erbsen kurz in wenig kochendem Wasser garen und abkühlen lassen.

2. Die Gelatine in reichlich kaltem Wasser einweichen. Den Quark in eine Schüssel geben, mit der Sahne glattrühren und mit Salz und Pfeffer würzen.

3. Die gequollene Gelatine gut ausdrücken und bei schwacher Hitze auflösen. Etwas Quark mit der flüssigen Gelatine verrühren und erst dann unter kräftigem Rühren unter die Quarkmasse mischen. Die Quarkcreme auf drei Schüsseln verteilen.

4. Die Erbsen mit der Petersilie unter ein Drittel der Quarkmasse rühren. Mit Meerrettich würzig abschmecken und die Masse auf den Boden einer eingefetteten Kastenform von 25 cm Länge

verteilen. Die Oberfläche glattstreichen und die Form in den Kühlschrank stellen.

5. Die Eier fein hacken und mit dem Safran unter die zweite Quarkmasse mischen. Noch einmal würzig abschmecken und gleichmäßig auf die grüne Quarkschicht streichen. Kalt stellen.

6. Für die dritte Schicht die Tomaten kurz in kochendes Wasser tauchen, häuten und das Fruchtfleisch ohne Stengelansätze und Kerne in kleine Würfel schneiden. Die Quarkmasse mit Tomatenmark und Paprikamark verrühren und die Tomatenwürfel untermischen. Die Masse auf dem Eierquark verteilen und die Pastete mindestens 2 Stunden kalt stellen.

7. Mit einem kalt abgespülten Messer in Scheiben schneiden und mit einigen Salatblättern und einer Vinaigrette als erfrischende Vorspeise reichen. Dazu passen knusprige Vollkornbrötchen oder Vinschgauer.

Matjesfilets mit würzigem Gurkenquark

Für 4 Personen

Zubereitungszeit: 20 Minuten

250 g Speisequark (20 % Fett i. Tr.) · 2 EL saure Sahne

Salz · weißer Pfeffer, frisch gemahlen · etwas Zitronensaft

200 g Salatgurke · 1 Zwiebel · 1 Knoblauchzehe

2 EL feingeschnittener Dill · 4 junge, zarte Matjesfilets

4 Dillzweige

1. Quark und Sahne miteinander verrühren und mit Salz, Pfeffer und Zitronensaft würzig abschmecken.

2. Die Salatgurke waschen und mit der Schale auf der groben Seite einer Rohkostreibe raspeln oder in kleine Würfel schneiden. Zwiebel und Knoblauch schälen, fein hacken und mit dem Dill und den Gurken unter den Quark mischen.

3. Die Matjesfilets mit dem Gurkenquark auf vier Tellern anrichten und jeweils mit einem Dillzweig garnieren.

Käseeier auf Tomatencreme

Für 4 Personen
Zubereitungszeit: 30 Minuten
Kühlzeit: 1 Stunde

4 Blatt Gelatine · 250 g Hüttenkäse (20 % Fett i. Tr.)
100 g Schafskäse (40 % Fett i. Tr.) · 2 EL Crème fraîche · Salz
weißer Pfeffer, frisch gemahlen

SAUCE:

3 EL gehackte Tomaten aus der Dose
1 gehackte Knoblauchzehe
100 g saure Sahne (10 % Fett) · 100 g süße Sahne
Salz · weißer Pfeffer aus der Mühle
1 Bund Basilikum

1. Die Gelatine in reichlich kaltem Wasser einweichen.

2. Hüttenkäse in eine Schüssel geben und den Schafskäse auf der feinen Seite einer Rohkostreibe hineinraspeln. Die Crème fraîche unterrühren und mit Salz und Pfeffer würzig abschmecken. Die Gelatine bei schwacher Hitze auflösen. Etwas von der Käsemasse mit der flüssigen Gelatine verrühren, dann alles gründlich miteinander vermischen und etwa 1 Stunde kalt stellen.

3. In der Zwischenzeit die Tomatenstücke mit Knoblauch, saurer und süßer Sahne im Mixer gründlich verquirlen. Mit Salz und Pfeffer würzen. Die Hälfte des Basilikums fein hacken und unter die Sauce mischen.

4. Die Sauce als Spiegel auf vier Teller verteilen. Mit zwei nassen Eßlöffeln Eier aus der Käsemasse formen und auf die Tomatensauce setzen. Mit Basilikumblättern verziert als Vorspeise reichen.

Blätterteigschiffchen mit Krabbenquark

TEIG:

300 g tiefgekühlter Blätterteig · Fett für die Förmchen

FÜLLUNG:

250 g Sahnequark (40 % Fett i. Tr.)

1 Schalotte · 1 TL Sardellenpaste · Salz

weißer Pfeffer, frisch gemahlen

150 g Nordseekrabben ohne Schale · etwas Zitronensaft

1 Bund Dill

1. Den Blätterteig auftauen lassen. Den Backofen auf 220 °C vorheizen. Jede Blätterteigscheibe mit Wasser bepinseln, überlappend aneinanderlegen und zu einem Rechteck ausrollen. Den Teig etwas größer als die Förmchen ausschneiden und diese damit auskleiden. In etwa 15 Minuten auf mittlerer Schiene goldbraun und knusprig backen. Anschließend abkühlen lassen.

2. Den Quark mit der feingehackten Schalotte und der Sardellenpaste verrühren. Mit Salz und Pfeffer würzen. 50 g Krabben und die Hälfte des Dills sehr fein hacken und unter den Quark mischen. Mit Zitronensaft abschmecken.

3. Den Krabbenquark in die abgekühlten Blätterteigschiffchen füllen und mit den restlichen Krabben belegen.

Tip: Die Schiffchen schmecken auch sehr fein mit selbstgemachtem Quarkblätterteig (siehe Rezept Seite 146).

Avocado-Kefir-Parfait

(Foto Seite 36)

Für 6–8 Personen
Zubereitungszeit: 30 Minuten
Kühlzeit: 2–3 Stunden

6 Blatt weiße Gelatine · 1 große, vollreife Avocado (250 g)
400 g stichfester Kefir (3,5 % Fett) oder Dickmilch
2–3 EL Zitronensaft · 2 cl Sherry-Fino
Salz · weißer Pfeffer, frisch gemahlen
50 g grobgehackte Pistazien · 50 g Paprikaschote
200 g Sahne · Öl für die Form · einige Salatblätter

1. Die Gelatine in reichlich kaltem Wasser einweichen.

2. Die Avocado schälen, halbieren, den Kern herauslösen und sofort mit der Schnittfläche einer halben Zitrone einreiben. Das Fruchtfleisch mit dem Kefir im Mixer fein pürieren und mit Zitronensaft, Sherry, Salz und Pfeffer würzig abschmecken.

3. Die Gelatine bei schwacher Hitze auflösen, etwas von der Avocadomasse unter die flüssige Gelatine rühren, erst dann alles miteinander gründlich verrühren, dabei die in Würfel geschnittene Paprika und die Pistazien untermischen. Die Masse so lange kalt stellen, bis sie zu gelieren beginnt.

4. Die Sahne steif schlagen und unter die Avocado-Kefir-Masse ziehen, bevor diese fest wird. Die Creme in eine geölte Kastenform von 24 cm Länge füllen und etwa 2 Stunden kalt stellen.

5. In Scheiben geschnitten mit marinierten Salatblättern servieren. Dazu knuspriges Baguette.

Bunt belegtes Bauernbrot

(Foto Seite 53)

Für 4 Personen
Zubereitungszeit: 20 Minuten

4 Scheiben Bauernbrot · 250 g Sahnequark (40 % Fett i. Tr.)
1 EL geriebener Meerrettich · Salz
weißer Pfeffer, frisch gemahlen · 1/8 l Sahne
4 Scheiben Lachsersatz (aus der Dose)
4 TL Kaviar · 2 hartgekochte Eier · 1 mittelgroße Zwiebel
2 EL Kapern · 1 EL grobgehackte Pistazien
4 Dillzweige

1. Die Brotscheiben im Toaster rösten.

2. Den Quark mit Meerrettich verrühren. Mit Salz und Pfeffer würzen. Die Sahne steif schlagen und locker unterziehen. Die Brotscheiben dick mit der Quarkmasse bestreichen.

3. Jedes Brot mit einer Scheibe Lachsersatz, 1 TL Kaviar, grobgehacktem Ei und Zwiebelringen belegen. Mit Kapern und Pistazien bestreuen und mit einem Dillzweig garnieren.

Tip: Noch besser schmeckt das »illustrierte« Brot mit echtem Räucherlachs und Ketakaviar.

Bunt belegtes Bauernbrot (Rezept Seite 52)

Roher Champignonsalat

Für 4 Personen

Zubereitungszeit: 30 Minuten

200 g saure Sahne (10 % Fett) · 1–2 EL geriebener Meerrettich

2 EL gehackte Petersilie · 1 gehackte Knoblauchzehe

2 gehackte Schalotten · Salz · weißer Pfeffer, frisch gemahlen

Saft von 1 Zitrone · 2 EL Olivenöl

400 g frische, möglichst kleine Champignons

2 EL geschlagene Sahne

1. Die saure Sahne mit Meerrettich, Petersilie, Knoblauch- und Schalottenwürfeln verrühren und mit Salz, Pfeffer und Zitronensaft würzen. Zum Schluß das Öl unterrühren.

2. Die Champignons putzen, nur falls nötig kurz waschen und in dünne Scheiben schneiden. Sofort unter die Salatsauce mischen und die Schlagsahne unterheben. Auf bunten Salatblättern anrichten und unverzüglich servieren.

Tip: Den Salat nicht lange stehenlassen, da er seine Knackigkeit rasch einbüßt und sich schnell verfärbt.

Chicoréesalat mit Currycreme

Für 4 Personen

Zubereitungszeit: 20 Minuten

100 g Crème fraîche · 150 g Vollmilchjoghurt

1 EL mildes Currypulver · Cayennepfeffer · 1 Prise Zucker

Salz · weißer Pfeffer, frisch gemahlen

½ TL frisch geraspelte Ingwerknolle · 3–4 EL Zitronensaft

2 Kolben Chicorée (ca. 300 g)

1 aromatischer Apfel, z. B. Cox Orange

1 EL eingelegte grüne Pfefferkörner

2 EL geschlagene Sahne

1. Crème fraîche, Joghurt und Curry miteinander zu einer glatten Creme verrühren. Mit Cayennepfeffer, Zucker, Salz, Pfeffer, Ingwer und Zitronensaft würzig abschmecken.

2. Den Chicorée waschen, halbieren und den Strunk herausschneiden. Die Gemüsehälften quer in breite Streifen schneiden und sofort unter die Currycreme mischen.

3. Den Apfel schälen, halbieren, entkernen und in kleine Würfel schneiden. Mit den eingelegten Pfefferkörnern unter den Salat mischen und zum Schluß die geschlagene Sahne unterziehen. Mit Toastbrot als kleine Vorspeise reichen.

Eiersalat auf Rucola

Für 4 Personen
Zubereitungszeit: 25 Minuten

150 g Vollmilchjoghurt · 100 g saure Sahne

50 g frisch geriebener Parmesan · Salz

weißer Pfeffer, frisch gemahlen · 2 EL Weißweinessig

6 hartgekochte Eier · 2 Tomaten · 1 Bund Schnittlauch

1 Bund Rucola (Rauke) · 1 kleiner Kopf Radicchio

1 TL Aceto balsamico · 1 EL Rotweinessig · Salz

3 EL Olivenöl · 30 g junger Parmesan am Stück

1. Joghurt, saure Sahne und Käse miteinander verrühren und mit Salz, Pfeffer und Weißweinessig abschmecken.

2. Die Eier schälen und mit einem Eierschneider in Scheiben schneiden. Die Tomaten kurz in kochendes Wasser tauchen, häuten und ohne Stengelansätze und Kerne in Achtel schneiden. Den Schnittlauch fein schneiden und die Hälfte davon zu den Eiern und Tomaten in eine Schüssel geben. Mit der Joghurtsauce begießen und alles locker vermischen.

3. Rucola verlesen, dickere Mittelrippen entfernen und das Kraut in breite Streifen schneiden. Den Radicchio putzen, die einzelnen Blätter ablösen und in kleine Stücke zerreißen. Beides kurz waschen und in einer Salatschleuder trockenschleudern.

4. Die beiden Essigsorten mit Salz so lange verrühren, bis sich das Salz gelöst hat. Nun unter weiterem Rühren das Öl dazugießen und die Salatblätter damit marinieren.

5. Den Rucola-Radicchio-Salat auf vier Teller verteilen und den Eiersalat jeweils in die Mitte geben. Den Parmesan darüberhobeln und mit Schnittlauch bestreut servieren.

Dazu paßt toskanisches Weißbrot, eventuell leicht getoastet.

Buttermilchgelee auf Forellenkaviar

Für 4 Personen
Zubereitungszeit: 20 Minuten
Kühlzeit: einige Stunden

9 Blatt Gelatine · ½ l Buttermilch · Salz
weißer Pfeffer, frisch gemahlen · 1 EL Zitronensaft
abgeriebene Schale von ½ Zitrone
4 cl Noilly Prat (trockener französischer Wermut)
⅛ l Sahne · 100 g Forellenkaviar

1. Die Gelatine in reichlich kaltem Wasser einweichen.
2. Die Buttermilch mit Salz, Pfeffer, Zitronensaft und -schale sowie Wermut abschmecken. Die Gelatine bei schwacher Hitze auflösen und mit etwas Buttermilch verrühren. Erst dann beides gründlich vermischen und kühl stellen. Sobald die Masse zu gelieren beginnt, die Sahne steif schlagen und unterziehen.
3. Die Buttermilchcreme auf vier kuppelförmige Förmchen verteilen und zugedeckt einige Stunden im Kühlschrank gelieren lassen.
4. Die Förmchen kurz in heißes Wasser tauchen und auf vier gut gekühlte Teller stürzen. Jede Buttermilchkuppel mit Kaviar umkränzen und mit Toastbrot oder geröstetem Vollkornbrot und Butter servieren.

Kräuterkäsescheiben im Kerbelmantel mit Walnußvinaigrette

Für 4 Personen
Zubereitungszeit: 30 Minuten
Kühlzeit: 3–4 Stunden

200 g Doppelrahmfrischkäse (70 % Fett i. Tr.)

100 g Ziegenfrischkäse (ca. 50 % Fett i. Tr.)

1–2 Knoblauchzehen · 1 Schalotte

Frühlingskräuter nach Jahreszeit, z. B. Sauerampfer, Estragon, Schnittlauch, Basilikum

Salz · weißer Pfeffer, frisch gemahlen · 50 g junger Kerbel

VINAIGRETTE:

1 EL Weißweinessig · 1 EL Estragonessig

Salz · weißer Pfeffer aus der Mühle

3 EL Olivenöl, extra vergine · 1 EL Walnußöl

2 EL gehackte Walnußkerne

1. Doppelrahmfrischkäse und Ziegenfrischkäse gründlich miteinander verrühren. Knoblauch und Schalotte schälen, wie die Kräuter fein hacken und mit dem Käse vermischen. Mit Salz und Pfeffer würzig abschmecken und zu einer Rolle von 5 cm Durchmesser formen. Mit Klarsichtfolie umhüllen und für einige Stunden in den Kühlschrank legen.

2. Den Kerbel fein hacken und die gekühlte Rolle darin wälzen.

3. Für die Vinaigrette die beiden Essigsorten mit Salz und Pfeffer verrühren und unter ständigem Weiterschlagen die Öle dazugießen. Zum Schluß die Nüsse untermischen.

4. Die Käserolle in Scheiben schneiden und mit der Walnußvinaigrette beträufeln. Eventuell mit einigen Salatblättern und zarten Gänseblümchen anrichten.

Roquefortcreme auf Stangensellerie

Für 4 Personen

Zubereitungszeit: 20 Minuten

1 Staude Stangensellerie · 150 g Roquefort (50 % Fett i. Tr.)

200 g Speisequark (20 % Fett i. Tr.)

2 EL saure Sahne (10 % Fett) · 1 EL Gin · Salz

schwarzer Pfeffer, frisch gemahlen

1. Von der Selleriestaude die einzelnen Stangen ablösen, kurz waschen und in etwa 10 cm lange Stücke schneiden. Die zarten Blätter des Selleries fein hacken.

2. Den Roquefort mit einer Gabel zerdrücken und unter Rühren Quark, saure Sahne und Gin dazugeben. So lange rühren, bis eine glatte Creme entsteht. Vorsichtig mit Salz und Pfeffer würzen.

3. Die Roquefortcreme in einen Spritzbeutel füllen, in die Höhlung der Selleriestangen spritzen, diese sternförmig auf einem Teller anrichten und mit den gehackten Sellerieblättern bestreuen.

Folienkartoffeln mit Knoblauchrahm

(Foto Seite 71)

Für 4 Personen
Zubereitungszeit: 1 Stunde

4 größere Kartoffeln · Alufolie · Öl zum Einfetten
Salz · 20 g Butter · 100 g saure Sahne · 250 g Crème fraîche
2 Knoblauchzehen · weißer Pfeffer, frisch gemahlen
Salz · 1 Bund Schnittlauch · Kümmel

1. Backofen auf 225 °C vorheizen.

2. Kartoffeln unter fließendem Wasser gut abbürsten, abtrocknen und mit einer Gabel einige Male einstechen. 4 Stücke Alufolie einfetten, die Kartoffeln daraufsetzen, salzen und mit Butterflöckchen belegen. Gut verschließen und im Backofen oder auf dem Grill 45 Minuten braten.

3. Saure Sahne und Crème fraîche zu einer glatten Creme verrühren, Knoblauch schälen, fein hacken und dazugeben. Mit Pfeffer und Salz würzig abschmecken. Zum Schluß den gewaschenen und gut abgetropften Schnittlauch fein schneiden und bis auf einen kleinen Rest in die Creme rühren.

4. Die fertigen Kartoffeln auf Teller geben und mit einem Messer tief einschneiden. Die Knoblauchcreme vorsichtig in die Kartoffeln füllen und mit Schnittlauch und Kümmel verzieren.

Tip: Die Kartoffeln schmecken als Vorspeise oder als Beilage zu einem kräftigen Steak.

Kartoffelpüfferchen mit Schnittlauchquark und Räucherlachs

Für 4 Personen

Zubereitungszeit: 40 Minuten

SCHNITTLAUCHQUARK:

250 g Speisequark (20 % Fett i. Tr.) · 150 g Crème fraîche

1 kleine Zwiebel · 2 Bund Schnittlauch · Salz

weißer Pfeffer, frisch gemahlen · etwas Zitronensaft

PÜFFERCHEN:

600 g mehlig kochende Kartoffeln

1 Zwiebel · 2 Eigelb · Salz

weißer Pfeffer, frisch gemahlen · Öl zum Braten

100 g Räucherlachs in Scheiben

1. Quark und Crème fraîche zu einer glatten Creme verrühren. Zwiebel schälen und in feine Würfel schneiden, den Schnittlauch fein hacken und beides unter die Quarkcreme mischen. Mit Salz, Pfeffer und Zitronensaft abschmecken.

2. Die Kartoffeln schälen und auf der groben Seite einer Rohkostreibe raspeln. Die Zwiebel schälen, fein hacken und mit den Eigelb unter die Kartoffeln mischen. Mit Salz und Pfeffer würzen.

3. Etwas Öl in einer beschichteten Pfanne erhitzen und nacheinander mit einem Eßlöffel etwas von der Kartoffelmasse in das heiße Fett setzen. Mit dem Löffelrücken flachdrücken und von beiden Seiten goldbraun und knusprig braten.

4. Aus der Pfanne nehmen, auf einem Küchenpapier kurz abtropfen lassen und in die Mitte einen Klecks Schnittlauchquark geben. Mit dem streifig geschnittenen Räucherlachs bestreuen und sofort servieren.

Tip: Den Räucherlachs durch 50 g Ketakaviar ersetzen.

Kefirgelee mit Krabben

Für 4–6 Personen

Zubereitungszeit: 20 Minuten

12 Blatt Gelatine · ½ l Kefir (3,5 % Fett)

⅛ l Fischfond aus dem Glas

2 cl Noilly Prat (trockener französischer Wermut)

1 Bund frische Frühlingskräuter bestehend aus Schnittlauch, Petersilie, Kerbel, Sauerampfer und einen hohen Anteil Dill

abgeriebene Schale von ½ Zitrone · Salz

weißer Pfeffer, frisch gemahlen · Cayennepfeffer

100 g Nordseekrabben ohne Schale · ¼ l Sahne

1. Die Gelatine in reichlich kaltem Wasser einweichen.

2. Kefir, Fischfond und Wermut gründlich verquirlen. Die Kräuter fein wiegen, unter die Kefirmischung rühren und mit Zitronenschale, Salz, Pfeffer und Cayennepfeffer würzen. Die Krabben dazugeben.

3. Die Gelatine bei schwacher Hitze auflösen und mit etwas Kefirmischung verrühren. Erst dann beides gründlich vermischen und kühl stellen. Sobald die Masse zu gelieren beginnt, die Sahne steif schlagen und unterziehen.

4. Die Masse in eine kleine Kastenform füllen und zugedeckt einige Stunden im Kühlschrank fest werden lassen.

5. Die Form kurz in heißes Wasser tauchen, das Kefirgelee stürzen und in Scheiben schneiden.

Suppen, Kaltschalen und Saucen

Cremige Rosenkohlsuppe

Für 4 Personen

Zubereitungszeit: 40 Minuten

200 g mehlig kochende Kartoffeln

300 g tiefgekühlter Rosenkohl · ⅛ l Fleischbrühe

½ l Milch · ¼ l Sahne · Salz

weißer Pfeffer, frisch gemahlen

frisch geriebene Muskatnuß

1 Bund Schnittlauch

1. Die Kartoffeln schälen, waschen und in Würfel schneiden. Gemeinsam mit den Rosenkohlröschen in einen Kochtopf geben, mit Brühe, Milch und ⅛ l Sahne begießen. Zugedeckt etwa 30 Minuten köcheln lassen.

2. Die Suppe im Mixer fein pürieren und durch ein Sieb passieren. Mit Salz, Pfeffer und Muskat abschmecken. Die restliche Sahne steif schlagen und mit einem Schneebesen unter die Suppe heben. Mit Schnittlauch bestreut servieren.

Tip: Zur Abwechslung die Suppe mit gerösteten Haselnußblättchen bestreuen.

Zucchinisuppe mit gerösteten Pinienkernen

Für 4 Personen

Zubereitungszeit: 30 Minuten

2 mittelgroße Zucchini (ca. 400 g) · 1 Zwiebel

3 EL Olivenöl · Salz · weißer Pfeffer, frisch gemahlen

3/4 l Hühnerbrühe · 2 EL Pinienkerne · 1/4 l Sahne

150 g Sahnejoghurt · 1 Zweig Krauspetersilie

1. Die Zucchini waschen und in Scheiben schneiden. Die Zwiebel schälen und fein hacken.

2. Das Öl in einem Kochtopf erhitzen und die Zwiebel darin glasig braten. Die Gemüsescheiben dazugeben und unter Rühren goldbraun anbraten. Mit Brühe aufgießen und mit Salz und Pfeffer würzen. Zugedeckt einige Minuten köcheln lassen.

3. Die Pinienkerne in einer Pfanne ohne Fett goldbraun rösten.

4. Die Suppe im Mixer fein pürieren, dann die Sahne dazugießen, noch einmal nachwürzen und alles mit einem Pürierstab schaumig aufschlagen.

5. Die Suppe auf vier Tassen verteilen, in die Mitte einen Löffel Joghurt geben. Mit Pinienkernen und abgezupften Petersilienblättern bestreuen.

Tip: Man kann die Suppe auch mit Streifen von Räucherlachs bestreuen.

Möhrensuppe mit Joghurt

Für 4 Personen
Zubereitungszeit: 30 Minuten

1 Bund junge Möhren mit Grün (ca. 500 g)
1 Schalotte · 30 g Butter oder Margarine · Salz
weißer Pfeffer, frisch gemahlen · 1 Prise Zucker
Cayennepfeffer · ½ l Hühnerbrühe
500 g Joghurt (3,5 % Fett) · 4 TL Crème fraîche

1. Die Möhren von den Blättern befreien, dabei die inneren, zarten Blätter aufbewahren. Die Möhren waschen und auf der groben Seite einer Rohkostreibe raspeln. Die Schalotte schälen und fein hacken.

2. Das Fett in einem Kochtopf erhitzen und die Schalottenwürfel darin glasig braten. Die Möhrenraspeln dazugeben und mit anschwitzen. Mit Salz, Pfeffer, Zucker und Cayennepfeffer würzen und mit der Brühe ablöschen. Zum Kochen bringen und zugedeckt etwa 5 Minuten köcheln lassen. Vom Herd nehmen, den Joghurt unterrühren und 4 Minuten auf schwacher Stufe erhitzen, aber nicht kochen, sonst gerinnt der Joghurt.

3. Die Suppe mit einem Pürierstab oder in einem Mixer fein pürieren, auf vier Suppentassen verteilen und in die Mitte jeweils einen Löffel Crème fraîche geben. Mit den feingehackten Möhrenblättern bestreut servieren.

Tip: Die Suppe mit gerösteten Pinienkernen oder Sesam bestreuen.

Spinatsuppe mit Parmesan

Für 4 Personen
Zubereitungszeit: 30 Minuten

1 Zwiebel · 1–2 Knoblauchzehen · 30 g Butter
300 g tiefgekühlter, pürierter Spinat · Salz
schwarzer Pfeffer, frisch gemahlen
frisch geriebene Muskatnuß · ¾ l Milch
200 g Crème fraîche · 4 EL frisch geriebener Parmesan

1. Wenig Wasser in einem Topf zum Kochen bringen, den tiefgekühlten Spinat zugeben und bei milder Hitze zugedeckt auftauen.

2. Inzwischen Zwiebel und Knoblauch schälen und fein hacken. Die Butter in einem Kochtopf erhitzen und beides darin anschwitzen. Den Spinat dazugeben, mit Salz, Pfeffer würzen und mit der Milch aufgießen. Zum Kochen bringen und zugedeckt bei schwacher Hitze etwa 5 Minuten köcheln lassen.

3. Die Hälfte der Crème fraîche mit der Hälfte des Käses verrühren und unter die Suppe mischen. Erneut 5 Minuten köcheln lassen, dann die Suppe mit Hilfe eines Pürierstabes schaumig aufschlagen. Mit Muskat würzen. Die Suppe auf 4 tiefe Teller verteilen, in die Mitte jeweils einen Klecks Crème fraîche geben und mit Parmesan bestreuen.

Tip: Köstlich schmeckt die schnelle Suppe auch mit gerösteten Weißbrotwürfeln.

Rahmsüppchen mit Shiitake-Pilzen

Für 4 Personen

Zubereitungszeit: 40 Minuten

1 Bund Frühlingszwiebeln · 250 g Shiitake-Pilze

50 g Butter · ¾ l Fleischbrühe · ¼ l Sahne

Salz · weißer Pfeffer, frisch gemahlen

⅛ l steifgeschlagene Sahne · 1 EL frisch gehackte Petersilie

1. Von den Frühlingszwiebeln die Wurzeln und das letzte grüne Ende entfernen. Die Zwiebeln in feine Ringe schneiden. Die Pilze putzen, nur falls nötig waschen, und größere Pilze in kleine Stücke schneiden. Einige schöne kleine Pilze ganz lassen und beiseite legen.

2. 30 g Butter in einem Kochtopf erhitzen und die Zwiebeln darin glasig braten. Die Pilze dazugeben, anschwitzen, mit Fleischbrühe und Sahne aufgießen und mit Salz und Pfeffer würzen. Zugedeckt bei mittlerer Hitze etwa 15 Minuten köcheln lassen.

3. Die zurückgelassenen Shiitake-Pilze in der restlichen Butter kurz anrösten.

4. Die Suppe im Mixer fein pürieren und durch ein Sieb streichen. Zurück in den Kochtopf gießen und noch etwas einkochen lassen.

5. Die geschlagene Sahne unter die Suppe mischen, mit Hilfe eines Pürierstabes schaumig aufschlagen und auf vier Tassen verteilen. Mit den kurz gebratenen Pilzen und der Petersilie bestreuen.

Gurkenkaltschale mit Paprikawürfel

Für 4 Personen

Zubereitungszeit: 20 Minuten

1 kleine Salatgurke (ca. 400 g)

1–2 Knoblauchzehen · 300 g Vollmilchjoghurt

100 g saure Sahne (10 % Fett) · etwas Zitronensaft

Salz · weißer Pfeffer, frisch gemahlen · Cayennepfeffer

je 1 kleine rote, gelbe und grüne Paprikaschote

1 kleine Zwiebel · 1 Bund feingeschnittener Schnittlauch

1. Die Gurke waschen, schälen und halbieren. Die Kerne mit einem Löffel herausschaben und die Gurkenhälften in Stücke schneiden. Knoblauch schälen und mit den Gurkenstücken, Joghurt und Sauerrahm im Mixer pürieren. Mit Zitronensaft, Salz, Pfeffer und Cayennepfeffer würzig abschmecken und kalt stellen.

2. Die Paprikaschoten waschen, halbieren, entkernen und in winzige Würfel schneiden. Die Zwiebel schälen und hacken.

3. Die Kaltschale mit den Paprika- und Zwiebelwürfeln vermischen und mit Schnittlauch bestreut servieren.

Tip: Die Kaltschale mit Krabben anreichern.

Avocado-Kefir-Kaltschale mit Räucherlachs

Für 4 Personen

Zubereitungszeit: 20 Minuten

3 mittelgroße, reife Avocados · Saft von 1 Zitrone

½ l Kefir · ¼ l Sahne · Salz

weißer Pfeffer, frisch gemahlen · 1 TL Dijonsenf · 2 Schalotten

100 g Räucherlachs · einige Dillzweige

1. Die Avocados schälen, halbieren und die Kerne herauslösen. Das Fruchtfleisch einer Avocado in kleine Würfel schneiden und mit Zitronensaft beträufeln.

2. Die restlichen Avocados mit Kefir und Sahne im Mixer fein pürieren. Falls nötig, mit etwas kaltem Kalbsfond aus dem Glas verdünnen. Mit Salz, Pfeffer und Senf würzig abschmecken.

3. Die Schalotten schälen und in kleine Würfel schneiden. Mit den Avocadowürfeln unter die Kaltschale mischen. Auf 4 tiefe Teller verteilen und mit dem streifig geschnittenen Räucherlachs und abgezupften Dillspitzen bestreuen.

Tip: Den Räucherlachs durch Krabben ersetzen.

Kirschkaltschale mit Buttermilchwürfeln

Für 4 Personen
Zubereitungszeit: 40 Minuten
Kühlzeit: mehrere Stunden

BUTTERMILCHMASSE:

8 Blatt weiße Gelatine · ½ l Buttermilch
Schale und Saft von 2 unbehandelten Zitronen
1 EL Vanillezucker · 2 EL Zucker · ¼ l Sahne

KIRSCHKALTSCHALE:

¼ l kräftiger Rotwein · ½ l Wasser · ½ Zimtstange
2–3 Gewürznelken · unbehandelte Schale von 1 Zitrone
250 g süße Kirschen · 100 g Sauerkirschen
1 EL Speisestärke · 2 EL Kirschwasser oder -saft
Zucker nach Geschmack

AUSSERDEM:

1 unbehandelte Zitrone

1. Die Gelatine in reichlich kaltem Wasser einweichen, gut ausdrücken und bei schwacher Hitze schmelzen lassen. Die Buttermilch langsam unter Rühren dazugießen.

2. Buttermilch mit Zitronenschale, -saft, Vanillezucker und Zukker abschmecken und kalt stellen bis die Flüssigkeit zu gelieren beginnt.

3. Die Sahne steif schlagen und unter die leicht gelierende Buttermilch mischen. Erneut einige Stunden zugedeckt im Kühlschrank erstarren lassen.

4. Für die Kirschkaltschale Rotwein und Wasser mit Zimt, Nelken und der Zitronenschale einige Minuten kochen lassen, dann

Folienkartoffeln mit Knoblauchrahm (Rezept Seite 60)

die gewaschenen, entsteinten Kirschen hinzufügen und etwa 5 Minuten köcheln lassen. Die Gewürze entfernen, Speisestärke und Kirschwasser verrühren und unter das Kirschkompott mischen. Bei starker Hitze aufkochen lassen, dann von der Kochstelle nehmen, die Kirschkaltschale mit Zucker süßen und kalt stellen.

5. Die Kaltschale auf 4 Teller verteilen. Die Buttermilchmasse in Würfel schneiden und auf die Kirschsuppe setzen. Mit Zitronenjulienne bestreut servieren.

Tip: Man kann aus der Buttermilchmasse mit 2 Löffeln auch Nockerl formen. Buttermilchnockerl schmecken auch als Nachtisch, z.B. mit Kiwi- oder Himbeermark.

Heidelbeerkaltschale

Für 4 Personen
Zubereitungszeit: 15 Minuten
Kühlzeit: 30 Minuten

500 g Heidelbeeren, frisch oder tiefgekühlt

¾ l Buttermilch · 300 g Sahnejoghurt · 1 EL Vanillezucker

2–3 EL Zucker · etwas Zitronensaft · 100 g geschlagene Sahne

einige kleine Blätter Zitronenmelisse

1. 300 g Heidelbeeren mit Buttermilch und Joghurt im Mixer pürieren. Mit Vanillezucker, Zucker und Zitronensaft abschmekken und durch ein Sieb streichen. Etwa 30 Minuten kalt stellen.

2. Die Suppe auf 4 Teller verteilen, in die Mitte einen Klecks Sahne geben und mit den zurückgelassenen Beeren und kleinen Melisseblättern bestreut servieren.

Mangokaltschale mit Piniennockerl

Für 4 Personen

Zubereitungszeit: 30 Minuten

2 mittelgroße, reife Mangofrüchte · ca. 2 EL Zucker

½ l Vollmilch · ¼ l Sahne

Saft und Schale von ½ unbehandelten Zitrone

Saft und Schale von 1 unbehandelten Orange

PINIENNOCKERL:

200 g Doppelrahmfrischkäse (70 % Fett i. Tr.)

1 Msp Vanillemark · 1 EL Grand Marnier (Orangenlikör)

etwas abgeriebene Orangenschale

30 g geröstete, gehackte Pinienkerne

1. Die Mangos schälen und das Fruchtfleisch in Spalten vom Kern lösen. Eine Fruchthälfte in kleine Würfel schneiden, das restliche Fruchtfleisch mit Milch und Sahne im Mixer pürieren. Mit Zucker und Zitrussäften und -schale abschmecken, die Mangowürfel untermischen und kalt stellen.
2. Den Frischkäse mit den übrigen Zutaten gründlich verrühren und mit Hilfe von 2 Teelöffeln kleine Nockerl von der Masse abstechen.
3. Die Kaltschale auf 4 Teller verteilen und mit den Piniennokkerln belegen.

Tip: Pinienkerne harmonieren besonders gut mit dem feinen Mangogeschmack. Man kann die Nockerl aber auch mit gerösteten, gehackten Mandeln zubereiten.

Exotischer Curry-Dip

Für 6–8 Personen
Zubereitungszeit: 20 Minuten

1 kleine, reife Mangofrucht · 1 kleine Banane
2 Scheiben Ananas aus der Dose · Saft von 1 Zitrone
400 g Sahnejoghurt · 1 Msp Sambal Oelek
1 TL Dijonsenf · 1 EL frisch geraspelte Ingwerknolle
1 TL scharfes und 1 TL mildes Currypulver
1 Msp gemahlener Piment · 1 Msp gemahlener Koriander
Salz · schwarzer Pfeffer, frisch gemahlen
2 EL geschlagene Sahne

1. Die Mango schälen und das Fruchtfleisch in Spalten vom Kern lösen, die Banane schälen und beides wie die Ananas grob hakken. Mit Zitronensaft beträufeln.

2. Den Joghurt mit einem kleinen Schneebesen glattrühren und die Gewürze hinzufügen.

3. Die Früchte untermischen, bei Bedarf noch einmal nachwürzen und zum Schluß die Sahne unterziehen.

Tip: Diese fruchtig-würzige Sauce paßt zu gebratenen Hühnerbrüstchen, zu gegrilltem Fisch oder zu Fondue.

Würziger Dickmilch-Dip

(Foto Seite 105)

Für 4 Personen

Zubereitungszeit: 15 Minuten

½ l Dickmilch (10 % Fett) · ⅛ l Sahne

Kräutersalz · weißer Pfeffer, frisch gemahlen

Cayennepfeffer · 1–2 Knoblauchzehen

1 mittelgroße Zwiebel · 2–3 frische, kleine, rote Pfefferschoten

1 TL abgezupfte Thymianblättchen

1. Dickmilch und Sahne gründlich verschlagen und mit Kräutersalz, Pfeffer und Cayennepfeffer würzig abschmecken.

2. Knoblauch und Zwiebel schälen und beides fein hacken, die Pfefferschoten entkernen und in dünne Ringe schneiden. Mit den Thymianblättchen unter die Dickmilchmischung rühren. Die Sauce etwa 30 Minuten durchziehen lassen und als Dip zu Gemüse oder zu Fondue reichen.

Grüne Sauce

Für 4 Personen
Zubereitungszeit: 20 Minuten

2 Schalotten · 1 Knoblauchzehe

1 hartgekochtes Ei · 1 große Essiggurke

1 Bund frische Frühlingskräuter wie Sauerampfer, Schnittlauch, Basilikum, Estragon und Pimpernelle

200 g Vollmilchjoghurt · 3 EL Crème fraîche

1 TL feinwürziger Senf · Salz

schwarzer Pfeffer, frisch gemahlen

Cayennepfeffer · Saft von ½ Zitrone

1. Schalotten und Knoblauch schälen und wie das Ei und die Essiggurke in kleine Würfel schneiden. Die Kräuter fein hacken.

2. Joghurt und Crème fraîche glattrühren, die feingeschnittenen Zutaten dazugeben und mit Senf, Salz, Pfeffer, Cayennepfeffer und Zitronensaft würzig abschmecken.

Tip: Die Sauce paßt vorzüglich zu Roastbeef, Pellkartoffeln und gekochtem Rindfleisch.

Meerrettich-Dip mit Kapern

Für 4 Personen

Zubereitungszeit: 15 Minuten

200 g Sahnequark (40 % Fett i. Tr.)

1/8 l saure Sahne (10 % Fett) · 2 EL frisch geriebener Meerrettich

1 kleiner säuerlicher Apfel · 1 EL Zitronensaft

1 Prise Zucker · Salz · weißer Pfeffer, frisch gemahlen

1 EL kleine, in Essig eingelegte Kapern

1. Quark und Sahne gründlich miteinander verrühren, dabei den Meerrettich hinzufügen.
2. Den Apfel schälen und auf der feinen Seite einer Rohkostreibe in die Meerrettichcreme raspeln. Miteinander verrühren und mit Zitronensaft, Zucker, Salz und Pfeffer würzig abschmecken. Zum Schluß die Kapern untermischen.

Tip: Dieser Dip paßt vorzüglich zu gekochtem Rindfleisch oder zu Pellkartoffeln.

Tomaten-Dip

Für 4 Personen

Zubereitungszeit: 20 Minuten

2 vollreife Fleischtomaten · 1 Schalotte · 1 Knoblauchzehe

2 Zweige Basilikum · 200 g Sahnejoghurt

1 EL Tomatenmark · 2 EL Olivenöl · Salz

schwarzer Pfeffer, frisch gemahlen · 1 Spritzer Tabasco

1. Die Tomaten kurz in kochendes Wasser tauchen, häuten und ohne Stengelansätze und Kerne in kleine Würfel schneiden. Schalotte und Knoblauch schälen und wie das Basilikum fein hacken.

2. Joghurt, Tomatenmark und Olivenöl glattrühren, Tomaten, Schalotten und Knoblauch untermischen und mit Salz, Pfeffer und Cayennepfeffer pikant abschmecken.

Grundrezept für Salatsaucen aus Milchprodukten

Für 4 Personen

Zubereitungszeit: ca. 5 Minuten

150 g Sahnejoghurt, Vollmilchjoghurt, saure Sahne, Crème fraîche, Buttermilch oder Speisequark

1 gehackte Schalotte

1–2 EL feingehackte Kräuter nach Jahreszeit

1–2 TL feinwürziger Dijonsenf oder Meerrettich

2 EL Weißwein-, Apfel- oder Estragonessig · Salz

weißer oder schwarzer Pfeffer, frisch gemahlen

3–4 EL Öl

Aus den Zutaten eine glatte Salatsauce rühren. Die Ölmenge hängt davon ab, welches Milchprodukt gewählt wurde.

Pikante Hauptgerichte

Rotbarsch mit Joghurt gebacken

(Foto Seite 123)

Für 4 Personen

Zubereitungszeit: 40 Minuten

800 g Rotbarschfilet · Salz · Saft von ½ Zitrone

40 g Butter · 2 Knoblauchzehen

4 Becher Vollmilchjoghurt, á 150 g · 1 EL Paprika, edelsüß

schwarzer Pfeffer, frisch gemahlen

2 EL gehackte Kräuter, z. B. Dill, Schnittlauch und Petersilie

1. Das Fischfilet waschen, trockentupfen, salzen und mit Zitronensaft beträufeln. Den Backofen auf 220 °C vorheizen.
2. Eine längliche Auflaufform mit der Hälfte der Butter ausfetten und den Fisch nebeneinander hineinlegen. Jedes Fischfilet mit etwas Knoblauch aus der Presse beträufeln und mit einem unverrührten Joghurt bedecken. Mit Salz, Pfeffer und Paprika und der Hälfte der Kräuter bestreuen und auf der mittleren Schiene in etwa 30 Minuten überbacken.
3. Mit den restlichen frischen Kräutern bestreuen und mit Pellkartoffeln servieren.

Thunfisch auf indische Art

Für 4 Personen
Zubereitungszeit: 25 Minuten
Marinierzeit: 2 Stunden

300 g Sahnejoghurt · 2 EL Sojasauce · 4 cl Sherry-Fino
Saft und Schale von 1 unbehandelten Orange
1 EL mildes Currypulver · 1 EL frisch geraspelte Ingwerwurzel
1 Stückchen getrocknete Pfefferschote
1 TL gemahlener Kurkuma · 4 Scheiben Thunfisch, á 180 g
4 EL Öl · 2 Scheiben Ananas aus der Dose
1 TL Speisestärke · 2 EL geröstete Sesamsamen

1. Joghurt mit Sojasauce, Sherry-Fino und Orangensaft verquirlen und die Orangenschale sowie die Gewürze dazugeben.
2. Die Thunfischscheiben nebeneinander auf eine Platte legen und mit der Marinade begießen. Etwa 2 Stunden darin marinieren, dabei die Scheiben einmal wenden.
3. Das Öl in einer Pfanne erhitzen und die gut abgetropften Fischscheiben darin von jeder Seite ca. 3 Minuten anbraten.
4. Die Ananas in kleine Stifte schneiden und mit der Speisestärke unter die Marinade rühren. Über den Fisch verteilen und sämig kochen lassen. Mit gerösteten Sesamsamen bestreut servieren.

Tip: Noch besser schmeckt das Gericht, wenn man frische Ananasstücke untermischt.

Bunter Fleischtopf mit Quarksauce

Für 4 Personen

Zubereitungszeit: 45 Minuten

2 große Zwiebeln · 1 kleine Salatgurke

je 1 rote und grüne Paprikaschote · 4 EL Öl

500 g Rinderhackfleisch · 2 EL Tomatenmark

ca. 380 g gehackte Tomaten aus der Dose

Salz · schwarzer Pfeffer, frisch gemahlen

1 EL Paprika, edelsüß

QUARKSAUCE:

250 g Sahnequark (40 % Fett i. Tr.)

4 EL saure Sahne (10 % Fett) · 2 Knoblauchzehen · Salz

weißer Pfeffer, frisch gemahlen · 1 Bund Schnittlauch

1. Zwiebeln und Gurke schälen, die Paprika waschen, halbieren und entkernen und alles in 1 cm große Würfel schneiden.

2. Das Öl in einem Schmortopf erhitzen und die Zwiebelwürfel darin glasig braten. Paprika und Gurke dazugeben und mit anschwitzen. Dann das Hackfleisch untermischen, kurz anbraten und zum Schluß das Tomatenmark und die Tomatenstücke dazugeben. Mit Salz, Pfeffer und Paprika würzen und zugedeckt etwa 30 Minuten bei schwacher Hitze köcheln lassen.

3. Inzwischen Quark und saure Sahne zu einer glatten Creme verrühren. Knoblauch schälen und durch die Presse in die Quarkmischung drücken. Mit Salz und Pfeffer würzen und zum Schluß den fein geschnittenen Schnittlauch untermischen. Zum Fleischtopf reichen.

Hackfleischbällchen mit Knoblauchjoghurt

Für 4 Personen

Zubereitungszeit: 40 Minuten

1 mittelgroße Zwiebel · 20 g Butter

500 g Rinderhackfleisch · 2 EL gekochter Reis

100 g Speisequark (20 % Fett i. Tr.) · 1 EL gehackte Petersilie

½ TL abgezupfte Thymianblätter

etwas abgeriebene Zitronenschale · Salz

schwarzer Pfeffer, frisch gemahlen · Cayennepfeffer

Öl zum Braten

KNOBLAUCHJOGHURT:

300 g Sahnejoghurt · 2–3 Knoblauchzehen

1 kleine Zwiebel · Salz · weißer Pfeffer, frisch gemahlen

etwas Zitronensaft

1. Die Zwiebel schälen, in kleine Würfel schneiden und in der erhitzten Butter glasig braten.

2. Das Hackfleisch in eine Schüssel geben, mit Zwiebeln, Reis und Quark zu einem glatten Fleischteig verarbeiten und mit den Kräutern und den Gewürzen herzhaft abschmecken. Aus der Fleischmasse kleine Bällchen von etwa 3 cm Durchmesser formen.

3. Öl in einer beschichteten Pfanne erhitzen und die Fleischbällchen darin von allen Seiten anbraten. Bei schwacher Hitze in wenigen Minuten fertig garen.

4. Den Joghurt glattrühren. Die geschälten Knoblauchzehen durch die Presse drücken, die geschälte Zwiebel fein hacken und beides unter den Joghurt mischen. Mit Salz, Pfeffer und Zitronensaft würzig abschmecken und zu den Fleischbällchen servieren.

Schweinehals in Milch geschmort

Für 4 Personen

Zubereitungszeit: 2½ Stunden

800 g Schweinehals am Stück · Salz

schwarzer Pfeffer, frisch gemahlen · 30 g Butter

1 EL Öl · 2 Knoblauchzehen · 1 Zwiebel

2 Zweige Thymian · 1 Zweig Rosmarin

1 l Vollmilch · 2 EL Sahne

1. Das Fleisch mit Salz und Pfeffer einreiben. Butter und Öl in einem Schmortopf erhitzen und das Fleisch darin von allen Seiten anbraten.

2. Knoblauch und Zwiebel schälen, grob hacken und mit den Kräutern zum Fleisch geben. Kurz mit anschwitzen, dann mit der Milch aufgießen und einmal aufkochen lassen. Zugedeckt bei schwacher Hitze etwa 1½ Stunden schmoren lassen.

3. Das Fleisch herausnehmen und mit Alufolie umhüllen. Den Bratfond durch ein Sieb streichen und falls nötig bei starker Hitze noch etwas einkochen lassen.

4. Die Sahne steif schlagen und mit Hilfe eines Pürierstabes oder eines Schneebesens unter die Sauce schlagen. Das Fleisch in Scheiben schneiden und die Sauce dazu reichen. Dazu passen selbstgemachte Bandnudeln oder Spinatgnocchi.

Kartoffelpuffer mit Quark

(Foto Seite 141)

Für 4 Personen

Zubereitungszeit: 30 Minuten

800 g mehlig kochende Kartoffeln · 1 Zwiebel

250 g Speisequark (20 % Fett i. Tr.) · 2 Eigelb

1 Bund Petersilie · Salz

schwarzer Pfeffer, frisch gemahlen

frisch geriebene Muskatnuß · Öl zum Braten

1. Die Kartoffeln schälen und auf der feinen Seite einer Rohkostreibe raspeln. Die Zwiebel schälen und wie die Petersilie fein hakken. Beides zu den Kartoffeln geben, Quark und Eigelb hinzufügen und alles gründlich miteinander vermischen. Mit Salz, Pfeffer und Muskat würzen.

2. Öl in einer Pfanne erhitzen. Mit einem Eßlöffel etwas Teig abstechen und kleine Häufchen in das heiße Fett setzen. Mit dem Löffelrücken flachdrücken und die Plätzchen von beiden Seiten knusprig braun braten. So fortfahren, bis alle Puffer gebraten sind. Am besten schmecken Kartoffelpuffer frisch aus der Pfanne. Dazu paßt Sauerkraut oder Salat ebenso wie Apfelmus und Preiselbeeren.

Tip: Entweder man versammelt die Pufferfans um den Küchenherd oder man arbeitet gleichzeitig mit zwei großen Pfannen, damit die Puffer nichts von ihrer Knusprigkeit verlieren.

Ravioli mit Ricotta-Gorgonzola-Füllung

Für 4 Personen

Zubereitungszeit: 1 Stunde

TEIG:

400 g Weizenmehl · 4 Eier

FÜLLUNG:

100 g Gorgonzola · 200 g frischer Ricotta

30 g gehackte Pistazien · Salz

schwarzer Pfeffer, frisch gemahlen

1 Eiweiß zum Bestreichen

SAUCE:

¼ l Sahne · 4 cl Sherry, medium · Salz

weißer Pfeffer, frisch gemahlen

2 EL gehackte Petersilie

1. Aus Mehl und Eiern einen Nudelteig kneten und mit einem feuchten Tuch bedeckt 30 Minuten ruhen lassen.

2. Für die Füllung den Gorgonzola mit einer Gabel zerdrücken, dann mit dem Ricotta vermischen und zu einer glatten, festen Masse verrühren. Die Pistazien dazugeben und bei Bedarf mit Salz und Pfeffer würzen.

3. Den Nudelteig auf einer bemehlten Arbeitsfläche etwa 2 mm dick ausrollen. Auf die Hälfte des Teiges im Abstand von etwa 4 cm mit einem Teelöffel kleine Häufchen setzen. Die Fläche rund um die Füllung mit verquirltem Eiweiß bestreichen, die zweite Teighälfte darüberklappen und den Teig um die Füllung gut andrücken. Mit einem Teigrädchen Quadrate ausrollen, die Ränder nochmals gut festdrücken und die Ravioli mit einem Tuch bedeckt etwas antrocknen lassen.

4. Währenddessen in einem breiten, halbhohen Topf reichlich Salzwasser zum Kochen bringen. Für die Sauce die Sahne mit dem Sherry in einer Sauteuse oder einem hochwandigen Topf bei starker Hitze um die Hälfte einkochen lassen.

5. Die Ravioli portionsweise im siedenden Wasser in etwa 5 Minuten al dente kochen.

6. Die eingekochte Sahnesauce mit Salz und Pfeffer würzen und die Petersilie untermischen. Die Ravioli mit einem Schaumlöffel herausnehmen, gut abtropfen lassen und mit der Sahnesauce begießen.

Tip: Ricotta durch Schichtkäse ersetzen.

Gnocchi aus Ricotta und Spinat

Für 4 Personen

Zubereitungszeit: 40 Minuten

200 g tiefgekühlter Blattspinat · Salz

300 g frischer Ricotta · 100 g frisch geriebener Parmesan

150 g Weizenmehl · 2 Eigelb · 1 Ei

weißer Pfeffer, frisch gemahlen

frisch geriebene Muskatnuß · 50 g Butter

einige frische Salbeiblätter

50 g frisch geriebener Parmesan zum Bestreuen

1. Den Spinat auf einem Sieb auftauen lassen. Anschließend gut ausdrücken und fein hacken.

2. Reichlich Salzwasser in einem breiten, halbhohen Topf zum Kochen bringen.

3. Ricotta, Parmesan, Spinat und Mehl verrühren und dabei die Eigelb und das Ei hinzufügen. Mit Salz, Pfeffer und Muskat herzhaft würzen.

4. Mit zwei nassen Eßlöffeln Nockerl von der Masse abstechen und diese im leicht siedenden Salzwasser in 4–5 Minuten garen lassen.

5. In der Zwischenzeit die Butter mit den Salbeiblättern in einer Pfanne erhitzen. Die Gnocchi mit einem Schaumlöffel aus dem Wasser heben, gut abgetropft auf eine vorgewärmte Platte legen und mit der heißen Butter begießen. Mit Parmesan bestreut servieren.

Tip: Diese Menge reicht als Hauptgericht mit Salat für 4 Personen, als Beilage für 6 Personen.

Penne mit Mascarpone und Kräutern

Für 4 Personen

Zubereitungszeit: 20 Minuten

400 g Penne · Salz · 250 g Mascarpone · 1 Knoblauchzehe

1 Bund Frühlingskräuter, z. B. Basilikum, Petersilie, Estragon, Schnittlauch

100 g frisch geriebener Parmesan · Salz

schwarzer Pfeffer, frisch gemahlen

1. Die Penne in reichlich kochendem Salzwasser in etwa 10 Minuten al dente kochen.

2. Währenddessen den Mascarpone glattrühren. Die Knoblauchzehe schälen und fein zerdrücken, die Kräuter hacken und beides mit dem Parmesan unter den Frischkäse mischen. Mit Salz und Pfeffer würzen.

3. Die Penne auf einen Durchschlag schütten, dabei etwas Nudelkochwasser aufbewahren. Die Nudeln sofort mit der Mascarponecreme vermischen und bei Bedarf etwas Nudelkochwasser hinzufügen. Sofort servieren.

Nudelauflauf mit Quark, Erbsen und Salami

Für 4 Personen

Zubereitungszeit: $1^1/_4$ Stunden

250 g Ditalini (kleine, sehr kurze Maccheroni)

Salz · 200 g tiefgekühlte Erbsen · 150 g italienische Salami

150 g Bel Paese (halbfester Schnittkäse)

1 Bund Basilikum · 500 g Sahnequark (40 % Fett i. Tr.)

$^1/_4$ l Sahne · 3 Eigelb · Salz

schwarzer Pfeffer, frisch gemahlen · 3 Eiweiß

Fett für die Form · 30 g frisch geriebener Parmesan

1. Die Nudeln in reichlich kochendem Salzwasser in etwa 12 Minuten al dente kochen. Anschließend auf einen Durchschlag schütten und gut abtropfen lassen.

2. Die Erbsen in wenig kochendem Salzwasser kurz blanchieren. Salami und Käse in kleine Würfel schneiden, das Basilikum fein hacken.

3. Den Backofen auf 200 °C vorheizen. Den Quark mit Sahne und Eigelb verrühren. Erbsen, Salami, Käse, Basilikum und die abgetropften Ditalini untermischen und mit Salz und Pfeffer herzhaft würzen. Die Eiweiß zu steifem Schnee schlagen und locker unter die Quarkmischung ziehen.

4. In eine gefettete Auflaufform füllen und die Oberfläche mit Parmesan bestreuen. Auf der mittleren Schiene in etwa 30 Minuten goldbraun backen.

Tip: Als Nudeln eignen sich auch Penne oder Fusili.

Würzig gefüllte Eierkuchen, gratiniert

Für 4 Personen

Zubereitungszeit: 1 Stunde

100 g Weizenmehl · Salz · ¼ l Milch · 4 Eier

1 EL flüssige Butter · Öl zum Braten

FÜLLUNG:

100 g gekochter Schinken · 150 g Mozzarella

250 g Sahnequark (40 % Fett i. Tr.)

100 g frisch geriebener Pecorino · 2 EL gehackte Petersilie

Salz · weißer Pfeffer, frisch gemahlen

¼ l selbstgekochte dicke Tomatensauce oder
1 Packung Tomatenstücke mit Kräutern

1. Aus Mehl, Salz, Milch, Eiern und flüssiger Butter einen glatten Eierkuchenteig rühren und etwa 30 Minuten ruhen lassen.

2. In dieser Zeit Schinken und Mozzarella in kleine Würfel schneiden. Quark mit 50 g geriebenem Käse und der Petersilie verrühren und die Schinken- und Mozzarellawürfel untermischen. Mit Salz und Pfeffer herzhaft würzen. Den Grill vorheizen.

3. In einer kleinen beschichteten Pfanne etwas Öl erhitzen und nacheinander dünne Eierkuchen braten. Nebeneinanderliegend abkühlen lassen.

4. Jeden Pfannkuchen mit ein wenig Füllung bestreichen, aufrollen und in eine flache, feuerfeste Form schichten. Mit der Tomatensauce bestreichen und mit dem restlichen Käse bestreuen. Etwa 10 Minuten unter dem Grill gratinieren.

Thymianplätzchen

Für 4 Personen
Zubereitungszeit: 30 Minuten

500 g mehlig kochende Kartoffeln, am Vortag gekocht
250 g Schichtkäse (10 % Fett i. Tr.) · 2 Eier
120 g Weizenmehl · 50 g geriebener Pecorino · 1 Knoblauchzehe
1 EL abgezupfte Thymianblätter · Salz
schwarzer Pfeffer, frisch gemahlen · Öl zum Braten

1. Die Kartoffeln pellen und auf der feinen Seite einer Rohkostreibe raspeln. Mit Schichtkäse und Eiern verrühren und nach und nach Mehl und Käse unterkneten. Die fein zerdrückte Knoblauchzehe und den Thymian dazugeben und mit Salz und Pfeffer würzen.

2. Runde Plätzchen von 5 cm Durchmesser aus der Masse formen. Das Öl in einer beschichteten Pfanne erhitzen und die Plätzchen darin bei mittlerer Hitze von beiden Seiten goldbraun braten.

Tip: Als Beilage zu Kalbs- oder Rinderbraten oder solo mit Tomatensauce und Salat als Hauptgericht für 2 Personen.

Kartoffel-Quark-Auflauf mit Speck

Für 4 Personen
Zubereitungszeit: 1 Stunde

800 g vorwiegend festkochende Kartoffeln, am Vortag gekocht
200 g durchwachsener Räucherspeck · 1 große Zwiebel
500 g Magerquark · 2 Eigelb · 100 g geriebener Emmentaler
Salz · weißer Pfeffer, frisch gemahlen
1 EL Kümmel, ganz · 1 TL gerebelter Majoran
2 Eiweiß · Fett für die Form

1. Die Kartoffeln pellen und in 1 cm große Würfel schneiden. Den Räucherspeck und die geschälte Zwiebel in kleine Würfel schneiden.

2. Den Räucherspeck in einer Pfanne ausbraten, die Zwiebelwürfel hinzugeben und darin glasig braten. Von der Kochstelle nehmen und abkühlen lassen. Den Backofen auf 200 °C vorheizen.

3. Quark und Eigelb verrühren, die Kartoffeln, 50 g geriebenen Käse und die Speck-Zwiebel-Mischung dazugeben und mit den Gewürzen herzhaft abschmecken. Zum Schluß die steifgeschlagenen Eiweiß unterziehen und die Masse in eine gefettete Auflaufform füllen. Mit dem restlichen Käse bestreuen und auf der mittleren Schiene in etwa 30 Minuten goldbraun überbacken.

Tip: Mit grünem Salat servieren.

Strudel mit Wirsing-Quark-Füllung

Für 4 Personen
Zubereitungszeit: 1 Stunde
Ruhezeit: 1 Stunde

TEIG:

250 g Weizenmehl · 2 Eier · 50 g flüssige Butter · Salz

FÜLLUNG:

1 kleiner Kopf Wirsingkohl (ca. 600 g)
40 g Butter · Salz · weißer Pfeffer, frisch gemahlen
1 EL mildes Currypulver · ¼ l Sahne
500 g Sahnequark (40% Fett i. Tr.)
100 g geriebener Emmentaler · 2 Eigelb
frisch geriebene Muskatnuß

ZUM BESTREICHEN:

1 Eigelb · 1 EL Sahne · 2 EL Sonnenblumenkerne

1. Aus den angegebenen Zutaten einen Strudelteig zubereiten, gut durchkneten und mit einer angewärmten Schüssel bedeckt etwa 1 Stunde ruhen lassen.

2. Den Wirsing putzen, halbieren, den Strunk entfernen und die Hälften in feine Streifen schneiden. Die Butter in einem Schmortopf erhitzen und die Wirsingstreifen darin andünsten. Mit Salz, Pfeffer und Curry würzen und mit der Sahne aufgießen. Zugedeckt bei schwacher Hitze kurz schmoren, falls nötig die Flüssigkeit bei starker Hitze offen einkochen lassen. Von der Kochstelle nehmen und abkühlen lassen.

3. Quark mit Käse und Eigelb verrühren und mit Salz, Pfeffer und Muskat würzen. Den Backofen auf 200 °C vorheizen.

4. Den Strudelteig auf einer bemehlten Arbeitsfläche ausrollen und über den Handrücken dünn ausziehen. Auf einem bemehlten Geschirrtuch ausbreiten und mit der Quarkmasse bestreichen. Den Wirsing darüber verteilen und den Strudel mit Hilfe des Tuches von einer Seite her aufrollen. Auf ein gefettetes Backblech gleiten lassen und die Enden gut festdrücken.

5. Eigelb und Sahne verquirlen und die Oberfläche damit bestreichen. Mit den Sonnenblumenkernen bestreuen und auf der mittleren Schiene in ca. 40 Minuten goldbraun backen.

Tip: Diese Menge reicht als Hauptgericht für 4 Personen, man kann den Strudel aber auch als Beilage, z.B. zu Rinderschmorbraten, reichen.

Rosenkohlauflauf

Für 4 Personen

Zubereitungszeit: 1¼ Stunden

500 g Rosenkohl · Salz · 500 g Sahnequark (40 % Fett i. Tr.)

3 Eigelb · 100 g geriebener Gruyère · 100 g roher Schinken

weißer Pfeffer, frisch gemahlen

frisch geriebene Muskatnuß · 4 Eiweiß

Fett für die Form · 30 g gehackte Haselnüsse

1. Den Rosenkohl putzen und in wenig kochendem Salzwasser in etwa 15 Minuten bißfest kochen. Den Backofen auf 200 °C vorheizen.

2. Quark mit Eigelb und Käse verrühren, den in kleine Würfel geschnittenen Schinken untermischen und mit Salz, Pfeffer und Muskat würzig abschmecken. Zum Schluß die steifgeschlagenen Eiweiß unterziehen.

3. Die Hälfte der Masse in eine runde, gefettete Auflaufform füllen, mit den abgetropften Rosenkohlröschen belegen und mit der restlichen Quarkmasse bedecken. Die Oberfläche mit den Haselnüssen bestreuen und auf der mittleren Schiene in etwa 40 Minuten goldbraun backen.

Süße Hauptgerichte

Topfenomelett

Für 2 Personen
Zubereitungszeit: 30 Minuten

2 Eigelb · 60 g Zucker · 1 EL Vanillezucker
abgeriebene Schale von 1 unbehandelten Orange
2 cl Grand Marnier (Orangenlikör)
250 g Sahnetopfen (Speisequark, 40 % Fett i. Tr.)
150 g Joghurt · 2 Eiweiß · 80 g Mehl · 40 g Butter

1. Die Eigelb, 40 g Zucker, Vanillezucker, Orangenschale und -likör mit dem Schneebesen eines Handrührgerätes schaumig schlagen und unter weiterem Rühren Topfen und Joghurt hinzufügen.

2. Die Eiweiß zu steifem Schnee schlagen, dabei den restlichen Zucker einrieseln lassen. Den Eischnee auf die Quarkmasse häufen, das Mehl darübersieben und vorsichtig unterheben.

3. Die Butter in zwei Pfannen (18 cm Durchmesser) erhitzen, die Topfenmasse hineingeben und zugedeckt bei schwacher Hitze etwa 5 Minuten braten. Sobald die Oberfläche etwas angetrocknet ist, das Omelett mit Hilfe eines Tellers wenden und auch die andere Seite zugedeckt bei schwacher Hitze in etwa 5 Minuten bräunen lassen.

4. Die Omeletts auf Teller gleiten lassen und sofort mit Puder-

zucker bestäubt servieren. Dazu paßt Zwetschgenkompott oder Preiselbeeren.

Quarkkeulchen

Für 4 Personen

Zubereitungszeit: 20 Minuten

500 g Magerquark · 50 g Rosinen · 4 cl Cognac

50 g Puderzucker · 1 Msp Vanillemark · 1 Prise Salz · 2 Eier

80 g Weizenmehl · Butterschmalz zum Braten

1. Den Magerquark auf ein Sieb geben und am besten über Nacht abtropfen lassen. Die Rosinen zur gleichen Zeit mit Cognac begießen und zugedeckt marinieren lassen.
2. Am nächsten Tag den Quark mit Puderzucker, Vanillemark, Salz und Eiern zu einer glatten Creme vermischen und zum Schluß nach und nach das Mehl und die eingeweichten Rosinen mitsamt restlicher Flüssigkeit unterrühren.
3. Aus dem Teig kleine Plätzchen in Keulenform herstellen. Das Schmalz in einer großen Pfanne erhitzen und die Keulchen darin bei nicht zu starker Hitze langsam von beiden Seiten goldbraun braten.

Tip: Dazu paßt Kompott oder frisches Beerenmark aus Himbeeren, Erdbeeren oder Brombeeren.

Quark-Mandel-Nockerl mit Zimtzucker

Für 4 Personen
Zubereitungszeit: 40 Minuten

500 g Magerquark · 80 g flüssige Butter · 4 Eier

1 EL Vanillezucker · 1 Prise Salz

60 g abgezogene, gemahlene Mandeln

60 g Hartweizengrieß · ca. 100 g Butter · 50 g Zucker

gemahlener Zimt nach Geschmack

1. Quark, Butter und Eier zu einer glatten Creme verrühren. Nach und nach Vanillezucker, Salz, Mandeln und Weizengrieß unterrühren. Den Teig zugedeckt etwa 20 Minuten quellen lassen.

2. In einem breiten, halbhohen Topf reichlich Salzwasser zum Kochen bringen.

3. Von der weichen Quarkmasse mit zwei nassen Eßlöffeln Nokkerl abstechen und diese im leicht siedenden Salzwasser etwa 15 Minuten ziehen lassen.

4. Die Butter in einer Pfanne aufschäumen lassen.

5. Die Quarknockerl mit einem Schaumlöffel aus dem Salzwasser heben, gut abgetropft auf einer Platte anrichten und mit der heißen Butter übergießen. Mit Zimtzucker bestreut sofort servieren. Apfelmus oder Zwetschgenkompott dazu reichen.

Reisauflauf mit kandierten Früchten

Für 4 Personen

Zubereitungszeit: 1 Stunde 10 Minuten

200 g gemischte, gehackte kandierte Früchte

0,1 l Grand Marnier (Orangenlikör)

500 g Speisequark (20 % Fett i. Tr.) · 100 g Crème fraîche

3 Eier · 150 g Zucker · ½ TL Vanillemark

abgeriebene Schale von 1 unbehandelten Orange

½ l Vollmilch · 160 g roher Milchreis

40 g Butter · 40 g Mandelblättchen

1. Die kandierten Früchte mit Orangenlikör begießen und etwa 1 Stunde marinieren.

2. Den Backofen auf 200 °C vorheizen. Den Quark mit Crème fraîche, Eiern, Zucker, Vanillemark und Orangenschale zu einer glatten Creme verrühren. Milch, Reis und die eingeweichten Früchte mitsamt der Flüssigkeit zu der Masse geben.

3. Alles in eine mit 20 g Butter ausgefettete große Auflaufform füllen. Die Oberfläche mit den Mandelblättchen bestreuen und mit der restlichen Butter in kleinen Flöckchen belegen.

4. In knapp einer Stunde auf der mittleren Schiene goldbraun backen.

Tip: Mit Aprikosensauce oder -kompott servieren.

Grießauflauf mit Sauerkirschen

Für 4 Personen
Zubereitungszeit: 1 Stunde 10 Minuten

500 g Sauerkirschen · 2 cl Kirschwasser
100 g weiche Butter · 100 g Zucker · 1 EL Vanillezucker
abgeriebene Schale von ½ unbehandelten Zitrone
4 Eigelb · 500 g Schichtkäse (10 % Fett) · 80 g Hartweizengrieß
50 g gehackte Haselnüsse · 4 Eiweiß
40 g Butter · 1 EL Semmelbrösel

1. Die Kirschen waschen, entsteinen und mit Kirschwasser begießen. Zugedeckt etwa 15 Minuten marinieren. Den Backofen auf 180 °C vorheizen.

2. Butter, Zucker, Vanillezucker und Zitronenschale cremig rühren und nach und nach die Eigelb dazugeben. Zu einer schaumigen Masse rühren, dann den Schichtkäse, Grieß und die Haselnüsse untermischen. Die Eiweiß zu steifem Schnee schlagen.

3. Die Kirschen unter den Teig mischen.

4. Die Eiweiß zu steifem Schnee schlagen und unterheben.

5. Die Masse in eine mit 20 g Butter gefettete Auflaufform füllen, die Oberfläche glattstreichen, mit Semmelbröseln bestreuen und mit Butterflöckchen besetzen. Auf der mittleren Schiene in etwa 50 Minuten goldbraun backen.

Tip: Der Auflauf schmeckt auch kalt!

Saftiger Semmel-Apfel-Auflauf

Für 4 Personen

Zubereitungszeit: 1 Stunde 10 Minuten

50 g Rosinen · 4 cl Calvados · 4 altbackene Semmeln

5 Eier · 100 g Zucker · 2 EL Vanillezucker

500 g Sahnequark (40 % Fett i. Tr.)

abgeriebene Schale von 1 unbehandelten Zitrone

500 g aromatische Äpfel, z. B. Boskop

40 g Butter · ¼ l Vollmilch · ⅛ l Sahne

2 EL Puderzucker · 40 g Mandelstifte

1. Die Rosinen in Calvados einweichen und zugedeckt etwa 1 Stunde marinieren. Die Semmeln in dünne Scheiben schneiden.

2. Zwei Eier mit Zucker und 1 EL Vanillezucker schaumig schlagen. Den Quark und die Zitronenschale hinzufügen und zu einer glatten Creme verrühren. Die Äpfel schälen, vierteln, entkernen, in dünne Scheiben schneiden und mit den Rosinen unter die Quarkmasse mischen. Den Backofen auf 200 °C vorheizen.

3. Eine Auflaufform mit der Hälfte der Butter ausfetten und den Boden mit Semmelscheiben auslegen. Etwas Quarkmasse darüber verteilen und mit Semmelscheiben bedecken. Fortfahren bis alles aufgebraucht ist. Die oberste Schicht sollen Brotscheiben sein.

4. Milch, Sahne, Eier mit Puderzucker und restlichem Vanillezucker verquirlen und gleichmäßig über den Auflauf verteilen. Die Oberfläche mit Mandelstiften bestreuen, mit der Butter in Flöckchen belegen und auf der mittleren Schiene in 45 Minuten garen.

Palatschinken mit Schokoladen-Nuß-Füllung

Für 4 Personen

Zubereitungszeit: 45 Minuten

150 g Mehl · 2 Eier · 1 Prise Salz · 1 EL Vanillezucker

¼ l Vollmilch · Butter zum Braten

FÜLLUNG:

100 g Zartbitter-Schokolade · 2 EL Cognac

60 g geröstete, gehackte Haselnüsse

250 g Sahnequark (40 % Fett i. Tr.) · 1 EL Vanillezucker

1. Aus Mehl, Eiern, Milch, Salz und Vanillezucker einen glatten Eierkuchenteig zubereiten.

2. Ein wenig Butter in einer kleinen, beschichteten Pfanne erhitzen, etwas Teig hineingeben, verteilen und von beiden Seiten goldgelb backen. So fortfahren, bis der Teig verbraucht ist. Nebeneinanderliegend ein wenig abkühlen lassen.

3. Die Schokolade bei schwacher Hitze schmelzen lassen, mit 1 EL Cognac verrühren und 40 g Haselnüsse untermischen. Den Quark unterrühren und die Palatschinken mit der Schokoladencreme bestreichen, aufrollen, mit den restlichen Nüssen bestreuen und sofort servieren.

Quark-Rohrnudeln

Für 4 Personen

Zubereitungszeit: 1½ Stunden

30 g Hefe · ca. ¼ l lauwarme Milch · 50 g Zucker

500 g Mehl · 1 Prise Salz · 250 g Speisequark (20 % Fett i. Tr.)

2 EL Crème fraîche · 50 g flüssige Butter

50 g abgezogene, geriebene Mandeln · 50 g Butterschmalz

2 EL flüssige Butter zum Bestreichen

Puderzucker zum Bestäuben

1. Die Hefe zerbröckeln, mit der Milch und etwas Zucker verrühren und aufgehen lassen.

2. Mehl und Salz in eine Schüssel geben, die aufgegangene Hefe, restlichen Zucker, Speisequark, Crème fraîche, flüssige Butter und die Mandeln dazugeben und mit einem Kochlöffel oder dem Knethaken eines Handrührgerätes so lange schlagen, bis sich der Teig vom Schüsselboden löst. Zugedeckt an einem warmen Ort 40 Minuten aufgehen lassen. Den Backofen auf 200 °C vorheizen.

3. Mit einem Löffel 12 Portionen vom Teig abstechen und auf einem bemehlten Backbrett zu runden Kugeln formen. Eine große Bratreine dick mit dem Butterschmalz ausstreichen und die Teigkugeln nicht zu eng hineinsetzen. Zugedeckt noch einmal 15 Minuten aufgehen lassen.

4. Auf der mittleren Schiene etwa 40 Minuten backen. Dabei nach der halben Garzeit die Oberfläche mit flüssiger Butter bestreichen. Mit Puderzucker bestäubt servieren und Vanillesauce dazu reichen.

Würziger Dickmilch-Dip (Rezept Seite 75)

Topfenstrudel

Für 4 Personen

Zubereitungszeit: 1½ Stunden

250 g Weizenmehl · 1 Prise Salz

ca. ⅛ l lauwarmes Wasser · 1 Ei · 1–2 EL Öl

FÜLLUNG:

1000 g Topfen (Speisequark, 10 % Fett i. Tr.)

100 g saure Sahne (10 % Fett) · 1 EL Vanillezucker

50 g Zucker · 80 g flüssige Butter · 4 Eigelb · 100 g Rosinen

100 g abgezogene Mandelstifte · 4 Eiweiß · 60 g Butter

⅛ l Sahne · ⅛ l Milch · 50 g Zucker

1. Aus den angegebenen Zutaten einen Strudelteig kneten, zu einer Kugel formen, mit lauwarmem Wasser bestreichen und unter einer angewärmten Schüssel bedeckt ca. 30 Minuten ruhen lassen.

2. Für die Füllung Quark, saure Sahne, Vanillezucker, Zucker, Butter und Eigelb zu einer glatten Creme verrühren. Rosinen und Mandeln untermischen und zum Schluß den steif geschlagenen Eischnee unterziehen.

3. Den Strudelteig auf einem bemehlten Brett dünn zu einem Rechteck ausrollen. Über den Handrücken hauchdünn ausziehen und auf einem bemehlten Küchentuch ausbreiten. Mit der Quarkmasse bestreichen und mit Hilfe des Tuches zusammenrollen.

4. Eine Bratreine mit 30 g Butter ausstreichen, den Strudel hineingleiten lassen und mit der restlichen, vorher zerlassenen Butter übergießen. Auf der mittleren Schiene bei 175 °C etwa 30 Minuten backen lassen. Dann mit der Mischung aus Milch, Sahne und Zucker begießen und in weiteren 30 Minuten fertig braten.

Tip: Vor dem Anschneiden einige Minuten ruhen lassen. Der Topfenstrudel schmeckt auch kalt vorzüglich!

Aprikosenknödel

Für 4 Personen
Zubereitungszeit: 30 Minuten

500 g Schichtkäse (10 % Fett) · 3 kleine Eier
1 Prise Salz · 2 EL Vanillezucker · 250 g Mehl
40 g Speisestärke · 20 kleine Aprikosen · 20 Mandelkerne
120 g Butter · 4–5 EL Semmelbrösel · 2–3 EL Zucker
etwas gemahlener Zimt · Puderzucker zum Bestäuben

1. Schichtkäse und Eier zu einer glatten Creme verrühren. Salz und Vanillezucker dazugeben und nach und nach das Mehl und die Speisestärke untermischen. Den Teig kurz durchkneten und etwas ruhen lassen.

2. In einem breiten, halbhohen Topf reichlich Salzwasser zum Kochen bringen. Die Aprikosen waschen, entsteinen und mit einer Mandel füllen.

3. Die Aprikosen mit Teig umhüllen und mit bemehlten Händen zu Knödeln formen. Im leicht siedenden Wasser in etwa 15 Minuten gar ziehen lassen.

4. Die Butter in einer Pfanne schmelzen und Brösel, Zucker und Zimt darin goldbraun rösten. Die Aprikosenknödel mit einem Seihlöffel herausheben, gut abtropfen lassen und in den Butterbröseln wälzen. Mit Puderzucker bestäubt servieren.

Zauberhafte Desserts

Joghurt-Himbeer-Eis

Für 4 Personen
Zubereitungszeit: 30 Minuten
Gefrierzeit: ca. 2 Stunden

250 g Himbeeren · 1 EL Zucker

2 Eigelb · 50 g Puderzucker · 300 g Vollmilchjoghurt

⅛ l Sahne · 4 Minzezweiglein

1. Die Himbeeren verlesen, einige als Garnitur beiseite legen, den Rest im Mixer pürieren, dann durch ein Sieb streichen und mit Zucker süßen.

2. Eigelb und Puderzucker dickschaumig schlagen. Abwechselnd Joghurt und Fruchtmark hinzufügen und zum Schluß die steifgeschlagene Sahne unterziehen. Die Masse in eine flache Metallschüssel füllen und im Tiefkühlgerät 2 bis 3 Stunden gefrieren lassen. Zwischendurch einige Male kräftig durchrühren.

3. Mit einem Eisportionierer kleine Kugeln ausstechen und mit Zitronenmelisse und Himbeeren garniert servieren.

Tip: Anstelle von Himbeeren Brombeeren oder Erdbeeren verwenden. Cremiger wird das Eis in einer Eismaschine.

Kokosquark mit Ananas

Für 6 Personen

Zubereitungszeit: 30 Minuten

1 kleine Dose Ananas in Stücken · 500 g Magerquark

2 cl Kokoslikör · Saft von ½ Zitrone · 50 g Zucker

3 EL Kokosraspeln · 2 Eiweiß · 4 EL geschlagene Sahne

1. Die Ananasstücke auf einem Sieb abtropfen lassen und, falls nötig, noch etwas kleiner schneiden.

2. Den Quark in eine Schüssel geben, mit dem Likör glattrühren und mit Zitronensaft sowie 40 g Zucker abschmecken. Zum Schluß Kokosraspeln sowie Ananasstückchen untermischen.

3. Die Eiweiß zu steifem Schnee schlagen, dabei den restlichen Zucker einrieseln lassen. Gemeinsam mit der Sahne locker unter die Quarkspeise ziehen, in Portionsschälchen verteilen und gut gekühlt servieren.

Rotes Buttermilchgelee

Für 4 Personen
Zubereitungszeit: 30 Minuten
Kühlzeit: einige Stunden

8 Blatt weiße Gelatine · 2 Blatt rote Gelatine

150 g rote Johannisbeeren · 100 g schwarze Johannisbeeren

4 cl Cassis (Johannisbeerlikör)

Zucker nach Geschmack · ½ l Buttermilch

abgeriebene Schale von ½ unbehandelten Zitrone

flüssiger Süßstoff · ⅛ l Sahne · einige Johannisbeerträubchen

1. Die Gelatine in reichlich kaltem Wasser einweichen.
2. Die Johannisbeeren mit einer Gabel von den Stielen streifen, kurz waschen und mit Cassis im Mixer pürieren. Das Mus durch ein Sieb streichen und mit Zucker süßen.
3. Die Gelatine gut ausdrücken und in einem kleinen Topf bei schwacher Hitze schmelzen lassen. Langsam unter Rühren mit der Buttermilch vermischen. Das Fruchtmark sowie die Zitronenschale dazugeben, gründlich verquirlen und mit Süßstoff abschmecken.
4. Die Buttermilchmischung in eine mit kaltem Wasser ausgespülte Form gießen und zugedeckt einige Stunden im Kühlschrank erstarren lassen.
5. Die Form auf einen Teller stürzen und mit geschlagener Sahne und Johannisbeerträubchen verzieren.

Fruchtige Quarksülze

Für 8 Personen
Zubereitungszeit: 45 Minuten
Kühlzeit: 4–5 Stunden

10 Blatt weiße Gelatine · 1 kleine Dose Fruchtcocktail

1000 g Magerquark · ausgeschabtes Mark von ½ Vanilleschote

abgeriebene Schale von ½ unbehandelten Zitrone

4 cl Aprikosengeist · Zucker nach Geschmack

30 g gehackte Pistazien · ¼ l Sahne

1. Die Gelatine in reichlich kaltem Wasser einweichen. Den Fruchtcocktail auf einem Sieb gut abtropfen lassen.

2. Den Quark in eine Schüssel geben und glattrühren. Mit Vanillemark, Zitronenschale, Alkohol und Zucker abschmecken. Die Gelatine in einem kleinen Topf bei schwacher Hitze schmelzen lassen und mit ein wenig Quarkmasse verrühren. Erst dann alles gründlich miteinander vermischen. Die Früchtewürfel und die Pistazien unter den Quark mischen und zum Schluß die steifgeschlagene Sahne locker unterziehen.

3. Die Quarkmasse in eine Gugelhupfform mit 2 l Inhalt füllen, die Oberfläche glattstreichen und zugedeckt im Kühlschrank erstarren lassen. Die Form kurz in heißes Wasser tauchen und auf eine Platte stürzen.

Tip: Mit Erdbeer- oder Himbeermark umgießen.

Aprikosen-Joghurt-Ring

Für 4 Personen
Zubereitungszeit: 40 Minuten

500 g vollreife Aprikosen · 1/8 l Wasser

Saft und Schale von 1/2 unbehandelten Zitrone

6 Blatt weiße Gelatine · Zucker nach Geschmack

300 g Sahnejoghurt · 1/8 l Sahne

1. Aprikosen waschen, entkernen und vierteln. In kleine Stücke schneiden und mit Wasser, Zitronensaft und -schale in einen Topf geben. Bei mittlerer Hitze weich kochen.

2. Die Gelatine in reichlich kaltem Wasser einweichen, ausdrükken und im gekochten Aprikosenkompott unter vorsichtigem Rühren auflösen. Die Zitronenschale entfernen und das Kompott ein wenig abkühlen lassen.

3. Joghurt in einer Schüssel glattrühren und unter das zu gelierende beginnende Kompott mischen. Zum Schluß die Sahne steif schlagen und unter die Fruchtmasse heben.

4. Die Masse in eine kalt ausgespülte Ringform von 20 cm Durchmesser füllen und zugedeckt im Kühlschrank erstarren lassen.

5. Den Aprikosenring auf einen großen Teller stürzen und mit Sahne verzieren.

Tip: Statt Aprikosen eignet sich auch Rhabarber.

Beerenquark mit Pumpernickel

Für 4 Personen

Zubereitungszeit: 30 Minuten

250 g gemischte Waldbeeren wie Himbeeren, Brombeeren, Heidelbeeren

2 cl Himbeergeist · 60 g Zucker · 50 g Pumpernickel

1 Msp gemahlener Zimt · 50 g geriebene Zartbitter-Schokolade

2 EL Vanillezucker · 250 g Magerquark

2–3 EL Buttermilch

abgeriebene Schale von ½ unbehandelten Orange

⅛ l Sahne

1. Die Beeren verlesen und mit dem Himbeergeist und 30 g Zukker in einer Schüssel vermischen. Zugedeckt 15 Minuten ziehen lassen.

2. Den Pumpernickel mit den Fingern zerbröseln und in einer Pfanne trocken rösten bis die Brotbrösel knusprig sind. Mit Zimt, Schokolade und Vanillezucker vermischen und abkühlen lassen.

3. Den Quark mit Buttermilch glattrühren und mit Orangenschale und dem restlichen Zucker abschmecken. Zum Schluß die geschlagene Sahne unterziehen.

4. Die Hälfte der Beeren im Mixer pürieren, dann mit den ganzen Früchten vermischen, dabei einige für die Garnitur aufbewahren. Die Pumpernickelbrösel mit den Beeren vermischen.

5. Vier Glasbecher abwechselnd mit der Beeren-Pumpernickel-Mischung und der Quarkmasse füllen. Mit den restlichen Beeren verzieren und gut gekühlt servieren.

Quarkspeise mit Preiselbeeren

Für 4 Personen
Zubereitungszeit: 20 Minuten

20 g Butter · 50 g kernige Haferflocken · 1 Msp Zimt
2 EL Vanillezucker · 200 g Preiselbeeren
⅛ l lieblicher Rotwein
abgeriebene Schale von ½ unbehandelten Orange
60 g Zucker · 500 g Sahnequark (40 % Fett i. Tr.) · 1 Eiweiß

1. Die Butter in einer Pfanne erhitzen, die Haferflocken dazugeben und mit Zimt und Vanillezucker bestreuen. Unter Rühren bei mittlerer Hitze knusprig braun rösten. Dann von der Kochstelle nehmen und abkühlen lassen.

2. Die Preiselbeeren waschen und mit Rotwein, Orangenschale und 40 g Zucker einige Minuten kochen. Auf einem Sieb abtropfen und abkühlen lassen.

3. Den Quark mit etwas Preiselbeersud glattrühren, dann die Früchte untermischen. Das Eiweiß mit dem restlichen Zucker steif schlagen und locker unter die Quarkcreme mischen.

4. Den Preiselbeerquark auf vier Schalen verteilen und mit den gerösteten Haferflocken bestreut sofort servieren.

Tip: Geröstete Haferflocken kann man gut auf Vorrat zubereiten. Sie bleiben, in einer Blechdose aufbewahrt, einige Tage frisch und knusprig.

Exotische Mascarpone-Speise

Für 4 Personen

Zubereitungszeit: 40 Minuten

3 vollreife Karambolen

4 EL Grand Marnier (Orangenlikör) · Saft von 1 Orange

1 dünner Biskuitboden von 18 cm Durchmesser

2 Eigelb · 50 g Zucker · etwas Vanillemark

250 g Mascarpone · 2 Eiweiß

1. Die Früchte waschen, zwei Karambolen in Stücke schneiden und im Mixer mit dem Alkohol und dem Orangensaft fein pürieren.

2. Den Biskuitboden einmal durchschneiden und die Hälfte davon in eine Auflaufform legen. Mit der Hälfte der dünnflüssigen Fruchtmischung tränken.

3. Eigelb, Zucker und Vanillemark schaumig rühren. Den Mascarpone unter ständigem Rühren zu der Eimasse geben und zum Schluß das steifgeschlagene Eiweiß unterziehen. Die Hälfte der Mascarponecreme auf dem getränkten Biskuit verteilen. Mit der zweiten Biskuithälfte bedecken und diese wiederum mit dem restlichen Fruchtpüree tränken. Mit der zurückgelassenen Käsecreme bestreichen und zugedeckt einige Stunden kühl stellen.

4. Die Karambole in dünne Scheiben schneiden und die Oberfläche der Fruchtspeise damit belegen.

Tip: In die entstehenden Zwischenräume entweder kleine Minzeblätter oder Himbeeren setzen.

Edel-Tiramisu

Für 6–8 Personen
Zubereitungszeit: 40 Minuten

3 Eigelb · 100 g Zucker · 6 EL Marsalawein

500 g Mascarpone · 3 Eiweiß

16 große italienische Löffelbiskuits · ⅛ l Espresso

4 EL Cognac · Kakao zum Bestäuben

1. Eigelb, Zucker und Marsala in eine feuerfeste Rührschüssel geben und über dem Wasserbad mit einem Schneebesen schaumig aufschlagen. Es muß eine dickflüssige Creme entstehen. Herausnehmen und unter weiterem Schlagen etwas abkühlen lassen.

2. Mascarpone in eine Schüssel geben und verrühren. Erst die abgekühlte Marsalacreme, dann die steifgeschlagenen Eiweiß unterziehen.

3. Eine längliche, tiefe Form mit der Hälfte der Löffelbiskuits auslegen. Espresso und Cognac vermischen und mit der Hälfte der Mischung die Biskuits tränken. Die Hälfte der Käsecreme darüber verteilen und mit den restlichen Biskuits belegen. Diese wiederum mit der übriggebliebenen Flüssigkeit tränken und mit der Mascarponecreme bedecken. Die Oberfläche glattstreichen und das Dessert einige Stunden kalt stellen.

4. Die Speise vor dem Servieren dick mit Kakao bestäuben.

Tip: Je länger die Tiramisu durchziehen kann, um so aromatischer wird sie. Man kann sie also gut 1–2 Tage vor dem Verzehr zubereiten.

Knuspriger Quarkberg

Für 4 Personen

Zubereitungszeit: 30 Minuten

150 g gehäutete Mandeln

500 g Sahnequark (40 % Fett i. Tr.)

120 g Zucker · 1 Msp Vanillemark · ⅛ l Sahne

ca. 30 weiche Löffelbiskuits

4 cl Cointreau (klarer Orangenlikör)

Saft von 1 Orange · 1 unbehandelte Orange

1. Die Mandeln in einer Pfanne ohne Fettzugabe goldgelb rösten. Abkühlen lassen, einige Mandeln halbieren und beiseite legen, den Rest grob hacken.

2. Den Quark mit Zucker und Vanillemark verrühren. Die Sahne steif schlagen und mit den gehackten Mandeln unter den Quark ziehen.

3. Die Löffelbiskuits in Stücke brechen, einen Teil davon auf einer Platte verteilen. Mit einer Mischung aus Orangenlikör und -saft beträufeln, darauf etwas von der Quarkmasse häufen und diese wieder mit getränkten Löffelbiskuitstückchen belegen. So fortfahren, bis ein nach oben spitz zulaufender Quarkberg entsteht. Den Berg rundherum mit Quarkcreme bestreichen.

4. Von der Orange mit Hilfe eines Orangenschälers feine Streifen abziehen und den Quarkberg damit bestreuen. Die Orange so dick schälen, daß die weiße Haut völlig entfernt ist. Das Fruchtfleisch filieren und die Quarkspeise mit den Fruchtsegmenten umkränzen. Am Schluß mit Mandelhälften garnieren.

Gekochte Sahne mit Himbeermark

Für 4 Personen
Zubereitungszeit: 30 Minuten
Kühlzeit: einige Stunden

½ l Sahne · 1 Vanilleschote · 80 g Zucker
5 Blatt Gelatine · 2 Eiweiß · etwas Zitronensaft
500 g Himbeeren · Zucker nach Geschmack

1. Die Sahne mit der aufgeschlitzten Vanilleschote und 60 g Zukker in einer Sauteuse oder einem hochwandigen Topf in etwa 15 Minuten bei starker Hitze um ein Drittel einkochen lassen.

2. Währenddessen die Gelatine in kaltem Wasser einweichen. Die Eiweiß zu steifem Schnee schlagen und dabei nach und nach den restlichen Zucker einrieseln lassen. So lange schlagen, bis die Masse schnittfest und glänzend ist.

3. Das Mark der Vanilleschote in die Sahne schaben, dann die gut ausgedrückte Gelatine darin auflösen und alles etwas abkühlen lassen. Den Eischnee gleichmäßig unter die Sahne ziehen und die Masse auf vier kleine Förmchen verteilen. Im Kühlschrank einige Stunden, am besten über Nacht, erstarren lassen.

4. Kurz vor dem Servieren die Himbeeren im Mixer kurz pürieren und durch ein Sieb streichen. Die Förmchen kurz in heißes Wasser tauchen, den Rand vorsichtig lösen und auf Teller stürzen. Mit dem Fruchtmark umgießen.

Tip: Schmeckt auch mit Erdbeer- oder Mangomark.

Joghurt-Früchte-Kranz

(Foto Seite 142)

Für 6–8 Personen
Zubereitungszeit: 30 Minuten
Kühlzeit: einige Stunden

1000 g Vollmilchjoghurt

Saft und Schale von 1 unbehandelten Zitrone

150 g Zucker · 1 EL Vanillezucker · 16 Blatt weiße Gelatine

2 cl Kirschwasser · ½ l Sahne

500 g gemischte Früchte, z. B. Waldbeeren, Kirschen, Orangen oder Trauben

1 Zitronenmelissenzweig

1. Den Joghurt in eine Schüssel geben und mit Zitronensaft, -schale, Zucker und Vanillezucker verrühren.

2. Die Gelatine in reichlich kaltem Wasser einweichen, gut ausdrücken und bei schwacher Hitze auflösen. Erst etwas Joghurt mit der Gelatine verrühren, dann alles gründlich miteinander vermischen und mit Kirschwasser abschmecken.

3. Die Sahne steif schlagen, die Früchte vorbereiten; falls nötig, in mundgerechte Stücke teilen. Die Sahne und die Hälfte der Früchte unter den Joghurt mischen und in eine kalt ausgespülte Ringform füllen. Einige Stunden im Kühlschrank erstarren lassen.

4. Die Form kurz in heißes Wasser tauchen, den Rand lösen und den Ring auf eine Platte stürzen. In die Mitte die restlichen Früchte füllen und mit Zitronenmelisse garnieren.

Quark-Fondue

(Foto Seite 159)

Für 4–6 Personen

Zubereitungszeit: 20 Minuten

1 kg Früchte der Saison, z. B. Erdbeeren, Himbeeren, Brombeeren, Kirschen, Aprikosen, Pfirsiche, Äpfel

500 g Speisequark (20 % Fett i. Tr.) · 300 g Sahnejoghurt

2 EL Vanillezucker · ca. 100 g Zucker

⅛ l Johannisbeersaft oder andere aromatische Fruchtsäfte

1. Die Früchte waschen, wenn nötig entsteinen oder entkernen und in mundgerechte Stücke schneiden.
2. Quark und Joghurt gründlich miteinander verrühren und mit Zucker und Vanillezucker abschmecken. Zum Schluß den Saft unterrühren.
3. Die Quarkmischung auf Schälchen verteilen. Die Fruchtstükke auf Fondue-Gabeln spießen und in die Quarksauce tauchen.

Tip: Ideal für Kindergeburtstage. Am besten die Quarkcreme mit verschiedenen Fruchtsäften anrühren.

Sauerrahmschnitten mit marinierten Erdbeeren

Für 6–8 Personen
Zubereitungszeit: 20 Minuten
Kühlzeit: einige Stunden

¼ l Sahne · 2 Eiweiß · 100 g Zucker · Saft von ½ Zitrone
10 Blatt Gelatine · ½ l saure Sahne (10 % Fett)
2 EL Vanillezucker · ½ TL gemahlenes Ingwerpulver
500 g Erdbeeren · 2 EL Puderzucker
Saft von ½ Orange · 2 cl Cointreau (klarer Orangenlikör)
2 EL gehackte Pistazien

1. Die Sahne steif schlagen. Die Eiweiß in einer zweiten Schüssel zu steifem Schnee schlagen, dabei nach und nach 50 g Zucker und den Zitronensaft hinzufügen. Die Gelatine in reichlich kaltem Wasser einweichen.

2. Die saure Sahne mit dem restlichen Zucker, Vanillezucker und Ingwer verrühren. Die Gelatine bei schwacher Hitze auflösen und langsam mit der sauren Sahne vermischen. Sahne und Eischnee unterziehen und die Masse in eine kalt ausgespülte Kastenform von 1,5 l Inhalt füllen. Einige Stunden im Kühlschrank erstarren lassen.

3. Die Erdbeeren entstielen, größere Früchte halbieren und in eine Schüssel geben. Mit Puderzucker bestäuben und mit Orangensaft und -likör beträufeln.

4. Die Form kurz in heißes Wasser tauchen, den Rand lösen und auf eine Platte stürzen. Mit einem kalt abgespülten Messer in Scheiben schneiden, mit den marinierten Erdbeeren umkränzen und mit Pistazien bestreuen.

Topfen-Mango-Gratin

Für 4 Personen

Zubereitungszeit: 35 Minuten

1 große oder 2 kleine, vollreife Mangofrüchte

100 g Zucker · 4 cl Grand Marnier (Orangenlikör)

400 g Sahnetopfen (Speisequark mit 40 % Fett i. Tr.) · 3 Eigelb

80 g Puderzucker · 1 Msp Vanillemark · 40 g Speisestärke

abgeriebene Schale von ½ unbehandelten Orange

3 Eiweiß · 1 EL Mandelblättchen

1. Die Mangos schälen, das Fruchtfleisch in Spalten vom Kern lösen und die Fruchtsegmente in kleine Stücke schneiden. Auf vier feuerfeste Auflaufförmchen verteilen, jeweils mit 10 g Zucker bestreuen und mit etwas Grand Marnier beträufeln.

2. Den Grill vorheizen.

3. Den Topfen mit Eigelb, Puderzucker, Vanillemark, Speisestärke und Orangenschale verrühren. Die Eiweiß steif schlagen, dabei nach und nach den restlichen Zucker einrieseln lassen. So lange schlagen, bis die Masse schnittfest und glänzend ist. Den Eischnee unter die Topfenmasse ziehen.

4. Die Früchte mit der Topfenmasse bedecken, mit Mandelblättchen bestreuen und auf der oberen Schiene in etwa 8–10 Minuten goldbraun überbacken. Sofort mit Puderzucker bestäubt servieren.

Tip: Die Mango durch andere Früchte, z.B. Waldbeeren oder Erdbeeren, ersetzen.

Rotbarsch mit Joghurt gebacken (Rezept Seite 79)

Süße Kuchen und Gebäck

Himbeerschnitten

Für 12 Stücke
Zubereitungszeit: 30 Minuten
Kühlzeit: 2 Stunden

6 Blatt weiße Gelatine · 500 g Sahnequark (40% Fett i. Tr.)

2 EL Vanillezucker · 50 g Zucker

abgeriebene Schale von ½ unbehandelten Zitrone

2 cl Himbeergeist · ¼ l Sahne · 24 Löffelbiskuits

400 g Himbeeren · 20 g gehackte Pistazien

1. Die Gelatine in reichlich kaltem Wasser einweichen. Den Quark in eine Schüssel geben, mit Vanillezucker, Zucker, Zitronenschale und Himbeergeist verrühren.

2. Die Gelatine gut ausdrücken und bei schwacher Hitze auflösen. Erst etwas von der Quarkmasse mit der Gelatine verrühren, dann alles gründlich miteinander vermischen. ⅛ l Sahne steif schlagen und locker unter die Quarkcreme ziehen.

3. Zwei Streifen Pergamentpapier von je 5 cm Breite und 30 cm Länge so in eine Kastenform (Länge 24 cm) legen, daß sie seitlich über den Rand hängen. Den Boden der Form mit Biskuits auslegen, die Hälfte der Quarkmasse darüberstreichen und mit 300 g

Himbeeren belegen. Darauf die restliche Quarkcreme streichen und mit den Löffelbiskuits bedecken. Zugedeckt mindestens 2 Stunden, am besten über Nacht, erstarren lassen.

4. Kurz vor dem Verzehr den Kuchen mit Hilfe der Pergamentstreifen aus der Form heben und auf eine längliche Platte setzen. ⅛ l Sahne steif schlagen und die Ränder dünn damit bestreichen, den Rest in einen Spritzbeutel füllen und die Oberfläche damit verzieren. Die Ränder mit Pistazien bestreuen, die Oberfläche mit den restlichen Himbeeren besetzen.

Tip: Der Kuchen schmeckt auch mit Erdbeeren, am besten natürlich mit Walderdbeeren.

Rote Joghurttorte

Für 12 Stücke

Zubereitungszeit: 1 Stunde

Kühlzeit: einige Stunden

TEIG:

2 Eiweiß · 2 EL Wasser · 80 g Zucker · 2 Eigelb

30 g Speisestärke · ½ TL Backpulver · 50 g Weizenmehl

FÜLLUNG:

9 Blatt weiße Gelatine · 3 Blatt rote Gelatine

500 g süße Kirschen aus dem Glas · 2 cl Kirschwasser

300 g Vollmilchjoghurt · 80 g Zucker

1 Eiweiß · ½ l Sahne · 2 EL Kirschkonfitüre

Puderzucker zum Bestäuben

2–3 EL geröstete Mandelblättchen

einige Minzeblätter

1. Den Backofen auf 200 °C vorheizen.

2. Eiweiß und Wasser mit den Schneebesen eines Handrührgerätes zu steifem Schnee schlagen und nach und nach den Zucker einrieseln lassen. So lange weiterschlagen, bis die Masse schnittfest und glänzend ist. Dann die Eigelb und das mit Speisestärke und Backpulver vermischte Mehl unter den Eischnee heben.

3. Den Teig in eine am Boden gefettete Springform von 24 cm Durchmesser füllen und auf der mittleren Schiene in etwa 25 Minuten goldgelb backen. Den Kuchen aus der Form lösen und auf einem Kuchengitter abkühlen lassen.

4. Für die Füllung die Gelatine in reichlich kaltem Wasser einweichen. Die Kirschen auf einem Sieb abtropfen lassen, falls nötig entsteinen und mit Kirschwasser beträufelt, zugedeckt 15 Minuten marinieren.

5. Die Gelatine bei schwacher Hitze auflösen und nach und nach mit dem Joghurt verrühren. Mit 40 g Zucker süßen und kalt stellen.

6. Das Eiweiß zu steifem Schnee schlagen, dabei nach und nach den restlichen Zucker einrieseln lassen. ¼ l Sahne in einer zweiten Schüssel ebenfalls steif schlagen. Sobald die Joghurtmasse anfängt zu gelieren, Eiweiß, Sahne und zwei Drittel der Kirschen untermischen.

7. Den Kuchenboden einmal quer durchschneiden. Eine Hälfte zurück in die Springform legen, mit Konfitüre bestreichen und die Joghurtmasse darauf geben. Im Kühlschrank einige Stunden erstarren lassen. Kurz bevor die Masse richtig fest wird, mit dem zweiten Kuchenboden bedecken.

8. Vor dem Servieren den Kuchen aus der Form lösen. Die restliche Sahne steif schlagen und mit einem Teil davon den Rand bestreichen. Die Oberfläche mit Puderzucker bestäuben. Die Sahne in einen Spritzbeutel füllen und die Torte damit bespritzen. Mit den restlichen Kirschen und Minzeblättern verzieren.

Tip: Gut gekühlt schmeckt die fruchtige Torte am besten.

Quarkkuppeltorte mit Erdbeeren

Für 12 Stücke
Zubereitungszeit: 35 Minuten
Kühlzeit: einige Stunden

24 Löffelbiskuits · ⅛ l frisch gepreßter Orangensaft

4 cl Grand Marnier (Orangenlikör)

FÜLLUNG:

10 Blatt weiße Gelatine · 500 g Erdbeeren · 100 g Zucker

2 Eiweiß · 0,4 l Sahne · 750 g Sahnequark (40 % Fett i. Tr.)

abgeriebene Schale von 1 unbehandelten Orange

2 EL Vanillezucker · 2 EL gehackte Pistazien

1. 12 Löffelbiskuits mit etwa der Hälfte der Mischung aus Orangensaft und Grand Marnier so beträufeln, daß sie sich biegen lassen. Eine Kuppelform oder eine Schüssel mit rundem Boden von 20 cm Durchmesser der Länge nach mit den Löffelbiskuits auskleiden.

2. Die Gelatine in reichlich kaltem Wasser einweichen. Die Erdbeeren entstielen und die Hälfte davon im Mixer pürieren. Dann durch ein Sieb streichen und mit etwa 50 g Zucker süßen.

3. Die Eiweiß zu steifem Schnee schlagen, dabei nach und nach den restlichen Zucker einrieseln lassen. So lange weiterschlagen, bis die Masse schnittfest und glänzend ist. In einer zweiten Schüssel die Hälfte der Sahne steif schlagen.

4. Den Quark mit Orangenschale und Vanillezucker verrühren. Die Gelatine bei schwacher Hitze auflösen und nach und nach mit dem Quark vermischen. Erdbeermark, Eischnee und Sahne unterziehen.

5. Die Quarkcreme in die vorbereitete Kuppelform füllen. Die Oberfläche glattstreichen und mit den restlichen getränkten Biskuits belegen. Zugedeckt einige Stunden im Kühlschrank erstarren lassen.

6. Auf einen großen runden Teller stürzen. Die restliche Sahne steif schlagen und entstandene Zwischenräume sowie den Rand damit bespritzen. Die Erdbeeren halbieren und die Kuppel hübsch verzieren. Mit Pistazien bestreuen.

Tip: Vor allem an Sommertagen eine erfrischende Köstlichkeit auf der Kaffeetafel.

Quarktaschen aus Quarkölteig

Für 8 Stück

Zubereitungszeit: 1 Stunde

TEIG:

250 g Speisequark (20 % Fett i. Tr.) · 8 EL neutrales Öl

6 EL Vollmilch · 2 kleine Eier · 1 Prise Salz

100 g Zucker · 500 g Mehl · 4 TL Backpulver

FÜLLUNG:

250 g Sahnequark (40 % Fett i. Tr.) · 100 g Zucker

2 Eigelb · 1 EL Vanillepuddingpulver

1 Msp Vanillemark · 50 g gehackte Mandeln

100 g Rosinen · 2 Eiweiß

ZUM BESTREICHEN:

2 EL Milch · 1 Eigelb

1. Den Quark mit Öl, Milch, Eiern, Salz und Zucker verrühren. Mehl und Backpulver vermischen und löffelweise erst unter die Quarkmasse rühren, dann den Teig auf ein Backbrett geben und das restliche Mehl unterkneten.

2. Den Backofen auf 180 °C vorheizen.

3. Für die Füllung den Quark mit Zucker, Eigelb, Puddingpulver und Vanillemark verrühren, Mandeln und Rosinen untermischen und zum Schluß die steifgeschlagenen Eiweiß unterziehen.

4. Den Quark-Öl-Teig ausrollen und Quadrate von 10 cm Seitenlänge schneiden. Jeweils in die Mitte 1 EL von der Füllung geben und die vier Ecken zur Mitte hin einschlagen. Milch und Eigelb verquirlen und die Taschen damit bestreichen.

5. Auf ein mit Backpapier ausgelegtes Blech setzen und in ca. 20 Minuten goldbraun backen. Mit Puderzucker bestäuben.

Tip: Lauwarm schmecken die Quarktaschen am besten.

Frischkäsetorte mit Aprikosen

Für 12 Stücke

Zubereitungszeit: 1¼ Stunden

TEIG:

300 g Mehl · 1 TL Backpulver · 1 Prise Salz

150 g Butter · 125 g Zucker · 1 Ei

BELAG:

400 g Doppelrahmfrischkäse (70 % Fett i. Tr.)

2 Eigelb · 2 EL Aprikosenkonfitüre · 2 EL Aprikosengeist

2 EL Mehl · 500 g vollreife Aprikosen

ZUM BESTREICHEN:

3 EL Aprikosenkonfitüre · 2 cl Aprikosengeist

1. Aus Mehl, Backpulver, Salz, Butter, Zucker und dem Ei einen Knetteig zubereiten und mit Sichtfolie umhüllt 30 Minuten kühl stellen.

2. Den Frischkäse mit Eigelb, Konfitüre, Alkohol und Mehl zu einer glatten Creme verrühren. Die Aprikosen waschen, halbieren und entsteinen.

3. Den Backofen auf 200 °C vorheizen.

4. Den Knetteig auf einer bemehlten Arbeitsfläche kreisförmig ausrollen und den Boden sowie 2 cm Rand einer Springform von 26 cm Durchmesser damit auskleiden. Die Frischkäsecreme darauf verteilen und kreisförmig mit den Aprikosenhälften belegen.

5. Den Kuchen auf mittlerer Schiene etwa 40 Minuten backen.

6. Aprikosenkonfitüre und Aprikosengeist mit Hilfe eines Pürierstabes fein pürieren, erhitzen und den Kuchen damit glasieren.

Frischkäsetarte mit Mango

Für 16 Stücke

Zubereitungszeit: 1½ Stunden

TEIG:

250 g Mehl · 100 g gemahlene Mandeln · 1 Prise Salz

50 g Zucker · 125 g Butter · 1 Eigelb · 2 EL weißer Rum

BELAG:

200 g Doppelrahmfrischkäse (70 % Fett i. Tr.)

100 g Crème fraîche · 80 g Zucker · ½ TL Vanillemark

3 Eier · 2 mittelgroße, vollreife Mangos

3 EL Orangenmarmelade · 2 EL Passionsfruchtlikör

1. Aus Mehl, Mandeln, Salz, Zucker, Butter, Eigelb und weißem Rum einen Knetteig herstellen und 30 Minuten kühl stellen.

2. Für die Füllung den Frischkäse mit Crème fraîche, Zucker und Vanillemark verrühren und nach und nach die Eier dazugeben.

3. Den Backofen auf 200°C vorheizen. Die Mangofrüchte schälen und das Fruchtfleisch in dünnen Spalten vom Kern schneiden.

4. Den Mürbeteig kreisförmig ausrollen und Boden sowie 2 cm Rand einer Springform von 28 cm Durchmesser damit auskleiden. Die Frischkäsemasse darauf verteilen und mit den Mangospalten kreisförmig belegen. Auf der mittleren Schiene etwa 40 Minuten backen.

5. Die Orangenmarmelade mit dem Likör verrühren, erhitzen und den heißen Kuchen damit glasieren.

Topfenkuchen mit Mohn

Für 12 Stücke

Zubereitungszeit: 2 Stunden

TEIG:

250 g Weizenmehl · 1 Msp Backpulver · 125 g Butter

60 g Zucker · 1 Prise Salz

BELAG:

250 g frisch gemahlener Mohn · ¼ l heiße Vollmilch

4–5 EL Sahne · 100 g Zucker · 1 Msp gemahlener Zimt

4 cl Rum · 500 g Speisequark (20 % Fett i. Tr.)

120 g Zucker · 2 EL Vanillezucker · 2 Eier

50 g flüssige Butter · 40 g Vanillepuddingpulver · 1 Eigelb

1. Aus Mehl, Backpulver, Butter, Zucker und Salz einen Knetteig herstellen und 30 Minuten kühl stellen.

2. Den Mohn in eine Schüssel geben, mit der heißen Milch und Sahne begießen und einige Minuten quellen lassen. Dann Zukker, Zimt und Rum hinzufügen.

3. Für die Quarkmasse alle übrigen Zutaten bis auf das Eigelb zu einer glatten Creme verrühren.

4. Den Backofen auf 180 °C vorheizen.

5. Den Knetteig auf einem bemehlten Backbrett rund ausrollen und den Boden sowie 4 cm Rand einer Springform von 26 cm Durchmesser damit auskleiden. Die Mohnmasse darauf verteilen und mit der Quarkcreme bedecken. Die Oberfläche glattstreichen und mit dem Eigelb bepinseln. Auf der unteren Schiene in etwa 1 Stunde goldgelb backen.

Schmandkuchen mit Kirschen

Für 12 Stücke
Zubereitungszeit: 1¾ Stunden

TEIG:

250 g Weizenmehl · 1 Prise Salz
20 g Hefe · 1 Prise Zucker · 3–4 EL lauwarme Milch
80 g weiche Butter · 1 Ei

BELAG:

300 g Schmand · 2 Eigelb · 50 g Zucker · 200 g Sauerkirschen
30 g flüssige Butter für das Blech und zum Bestreichen

1. Mehl und Salz in eine Schüssel geben, in die Mitte eine Mulde drücken und die Hefe hineinbröckeln. Mit der Milch zu einem Vorteig verrühren und mit Zucker bestreuen. 15 Minuten an einem warmen Ort aufgehen lassen. Nun die Butter und das Ei dazugeben und mit den Knethaken eines Handrührgerätes so lange schlagen, bis sich der Teig vom Schüsselboden löst. Zugedeckt etwa 30 Minuten an einem warmen Ort gehen lassen.

2. Für den Belag den Schmand mit Eigelb und Zucker verrühren. Die Kirschen waschen und entsteinen.

3. Den Hefeteig auf einem bemehlten Backbrett kreisförmig ausrollen, dann auf ein gefettetes Backblech legen und mit den Fingern einen dickeren Rand formen. Zugedeckt noch einmal etwa 20 Minuten gehen lassen. Den Backofen auf 200 °C vorheizen.

4. Die Schmandmasse gleichmäßig auf den Teig streichen und mit den Kirschen bestreuen. Den Teigrand mit der flüssigen Butter bestreichen und den Fladen auf der mittleren Schiene knapp 30 Minuten backen.

Rahmwähe mit Mandeln

Für 16 Stücke
Zubereitungszeit: 1½ Stunden

TEIG:

300 g Weizenmehl · 1 Prise Salz · 30 g Hefe
50 g Zucker · knapp ¼ l lauwarme Milch · 50 g weiche Butter

BELAG:

3 Eier · 120 g Zucker · 1 Msp Vanillemark
¼ l süße Sahne · ¼ l saure Sahne · 80 g Mandelblättchen

1. Aus Mehl, Salz, Hefe, Zucker, Milch und der Butter einen Hefeteig zubereiten (siehe Rezept Schmandkuchen Seite 135). Zugedeckt 30 Minuten aufgehen lassen.
2. Eier, Zucker und Vanillemark schaumig rühren und die beiden Sahnesorten dazugießen.
3. Den Backofen auf 220 °C vorheizen.
4. Den Hefeteig auf einem bemehlten Backbrett rechteckig ausrollen und ein gefettetes Backblech damit auskleiden. Rundherum einen dickeren Rand formen und erneut 15 Minuten zugedeckt an einem warmen Ort aufgehen lassen.
5. Den Rahmguß auf dem Teig verteilen, mit den Mandelblättchen bestreuen und in etwa 30 Minuten goldgelb backen. Auf dem Blech auskühlen lassen und erst dann in Stücke schneiden.

Tip: Lauwarm schmeckt die Wähe am besten. Der Kuchen ist gut zum Einfrieren geeignet.

Quarkkuchen mit Streusel

Für 12 Stücke

Zubereitungszeit: 1½ Stunden

TEIG:

300 g Weizenmehl · 2 TL Backpulver · 1 Prise Salz

150 g Zucker · ½ TL gemahlener Zimt · 1 Ei · 100 g Butter

FÜLLUNG:

½ l Vollmilch · 1 Vanilleschote · 60 g Speisestärke

3 Eigelb · 200 g Zucker · 1000 g Speisequark (20 % Fett i. Tr.)

100 g Rosinen · 50 g gehackte Mandeln · 3 Eiweiß

Puderzucker zum Bestäuben

1. Mehl, Backpulver, Salz, Zucker, Zimt, Ei und Butter miteinander zu Streuseln verkneten und kalt stellen.

2. Zwei Drittel der Milch mit der aufgeschlitzten Vanilleschote zum Kochen bringen. Die restliche Milch mit der Speisestärke verrühren. Das Mark der Vanilleschote in die Milch schaben, dann die angerührte Stärke unterrühren. Aufkochen lassen, von der Kochstelle nehmen und den Flammeri kalt stellen.

3. Den Backofen auf 180 °C vorheizen.

4. Eigelb und Zucker schaumig rühren und nach und nach den Quark dazugeben. Den abgekühlten Flammeri, Mandeln und Rosinen untermischen und zum Schluß die steifgeschlagenen Eiweiß unterziehen.

5. Eine gefettete Springform von 28 cm Durchmesser mit zwei Drittel der Streusel auslegen, die Quarkmasse darauf verteilen und mit den restlichen Streuseln bestreuen. Auf der mittleren Schiene in gut 1 Stunde goldbraun backen. Mit Puderzucker bestäuben.

Tip: Den Kuchen in der Form gut abkühlen lassen, bevor er in Stücke geteilt wird.

Quarkschnitten mit Baiser

Für 16 Stücke

Zubereitungszeit: 1½ Stunden

200 g Butter · 150 g Zucker · 1 EL Vanillezucker

abgeriebene Schale von ½ unbehandelten Zitrone

4 Eigelb · 2 TL Backpulver · 400 g Weizenmehl

ca. ⅛ l Vollmilch

BELAG:

100 g Butter · 200 g Zucker · 4 Eier · 1 EL Vanillezucker

Saft und Schale von 1 unbehandelten Zitrone

1000 g Sahnequark (40 % Fett i. Tr.)

50 g Vanillepuddingpulver

BAISERGUSS:

4 Eiweiß · 120 g Zucker

Saft und Schale von 1 unbehandelten Zitrone

1. Den Backofen auf 200 °C vorheizen.

2. Butter, Zucker, Vanillezucker und Zitronenschale mit dem Schneebesen eines Handrührgerätes schaumig rühren. Die Eigelb hinzufügen und nach und nach das mit Backpulver vermischte Mehl unterrühren. Dabei so viel Milch hinzufügen, daß ein cremiger glatter Teig entsteht.

3. Den Teig auf ein gefettetes Backblech streichen und im Backofen 20 Minuten goldgelb überbacken.

4. In dieser Zeit für den Belag Butter, Zucker und Eier schaumig rühren, Vanillezucker, Zitronensaft und -schale sowie Quark und Vanillepuddingpulver dazugeben und zu einer glatten Creme verrühren. Die Quarkmasse auf den vorgebackenen Kuchen streichen und erneut etwa 30 Minuten auf der mittleren Schiene backen.

5. Für den Baiserguß die Eiweiß sehr steif schlagen und dabei nach und nach Zucker, Zitronensaft und -schale hinzufügen und so lange weiterschlagen, bis die Masse schnittfest und glänzend ist. Die Baisermasse auf der Quarkschicht verteilen und bei 180 °C etwa 20 Minuten hellgelb backen.

6. Den Kuchen nach dem Erkalten in Stücke teilen.

Tip: Man kann unter die Baisermasse zusätzlich gehackte Mandeln mischen.

Schneckenkuchen mit Topfenfüllung

Für 12 Stücke

Zubereitungszeit: 1½ Stunden

TEIG:

500 g Weizenmehl · 1 Prise Salz · 20 g Hefe

ca. ¼ l lauwarme Vollmilch · 60 g Zucker

1 Ei · 100 g weiche Butter

FÜLLUNG:

2 Eigelb · 120 g Zucker · 1 EL Vanillezucker

abgeriebene Schale von 1 unbehandelten Orange

500 g Speisequark (20 % Fett i. Tr.) · 2 EL Crème fraîche

100 g Korinthen · 50 g Orangeat, in Würfel geschnitten

50 g gehackte Haselnüsse · 2 Eiweiß

Fett für die Form · Puderzucker zum Bestäuben

1. Aus Mehl, Salz, Hefe, Milch, Zucker, Ei und Butter einen Hefeteig zubereiten (siehe Rezept Schmandkuchen Seite 135) und zugedeckt 30 Minuten gehen lassen.

2. Währenddessen für die Füllung die Eigelb mit Zucker, Vanillezucker und Orangenschale cremig rühren. Den Quark und die Crème fraîche unterziehen. Korinthen, Orangeat und Nüsse dazugeben und zum Schluß die steifgeschlagenen Eiweiß unterheben.

3. Den Backofen auf 180 °C vorheizen.

4. Den Hefeteig auf einem bemehlten Backbrett zu einem Rechteck ausrollen. Die Teigplatte mit der Quarkcreme bestreichen und von der Längsseite her einrollen. In neun 5 cm breite Stücke schneiden und diese kreisförmig, dicht aneinander in eine gut gefettete Springform von 28 cm Durchmesser stellen. Erneut zugedeckt 20 Minuten gehen lassen. Dann auf der mittleren Schiene in etwa 50 Minuten goldbraun backen.
Nach dem Abkühlen mit Puderzucker bestäuben.

Kartoffelpuffer mit Quark (Rezept Seite 84)

Joghurt-Früchte-Kranz (Rezept Seite 119)

Tante Annis Quark-Sahne-Torte

Für 12 Stücke
Zubereitungszeit: 1 Stunde
Kühlzeit: einige Stunden

TEIG:

300 g Weizenmehl · 1 Prise Salz · 1 TL Backpulver
120 g Zucker · 1 Ei · 150 g Butter

FÜLLUNG:

1 Glas Sauerkirschen (ca. 420 g) · 30 g Speisestärke
2 EL Kirschwasser · 6 Blatt weiße Gelatine
500 g Sahnequark (40 % Fett i. Tr.) · ca. 100 g Zucker
1 Msp Vanillemark · ¼ l Sahne
Puderzucker zum Bestäuben

1. Aus Mehl, Salz, Backpulver, Zucker, Ei und Butter einen Knetteig zubereiten und etwa 30 Minuten kühl stellen.

2. Den Backofen auf 200 °C vorheizen.

3. Die Kirschen auf ein Sieb geben. ¼ l Kirschsaft abmessen und zum Kochen bringen. Die Speisestärke in dem Kirschwasser auflösen und unter Rühren in die kochende Flüssigkeit einlaufen lassen. Von der Kochstelle nehmen, zwei Drittel der Kirschen untermischen und abkühlen lassen.

4. Den Knetteig auf einem gemehlten Backbrett ausrollen und zwei Böden, einen etwas dünner, mit einem Durchmesser von 24 cm ausschneiden. In eine Springform legen und nacheinander oder bei Heißluft (180 °C) gemeinsam in etwa 20 Minuten goldgelb backen.

5. Die Gelatine in reichlich kaltem Wasser einweichen. Den Quark mit Zucker und Vanille verrühren. Die Gelatine bei schwacher Hitze auflösen und erst mit etwas Quark vermischen, dann alles miteinander verrühren und die steifgeschlagene Sahne unterziehen.

6. Den dünneren Tortenboden sofort nach dem Backen mit einem Sägemesser vorsichtig in 12 Tortenstücke schneiden. Den zweiten Boden nach dem Abkühlen wieder in die Springform legen. Mit den angedickten Sauerkirschen bestreichen und darüber die Quark-Sahne-Masse geben. Im Kühlschrank in einigen Stunden erstarren lassen.

7. Zum Schluß die Tortenstücke fächerartig auf der Tortenoberfläche anordnen, mit Puderzucker dick bestäuben und mit den restlichen Kirschen verzieren.

Tip: Die Kirschen durch Dosen-Mandarinen ersetzen.

Ausgebackene Quarkbällchen

Für 24 Stück

Zubereitungszeit: 40 Minuten

250 g Weizenmehl · 1 TL Backpulver · 1 Prise Salz

80 g Zucker · 1 EL Vanillezucker · 3 Eier

250 g Magerquark · 50 g Rosinen · Fett zum Ausbacken

etwas gemahlener Zimt

1. Mehl, Backpulver, Salz, 50 g Zucker und Vanillezucker in eine Schüssel geben. Mit dem Knethaken eines Handrührgerätes nach und nach die Eier und löffelweise den Quark untermischen. Zum Schluß die Rosinen unterkneten.

2. Das Ausbackfett in einer Friteuse auf 180 °C erhitzen. Aus dem Teig kleine Bällchen formen und schwimmend im heißen Fett goldbraun ausbacken.

3. Mit einem Schaumlöffel herausheben, auf einem Küchenpapier abtropfen lassen und in Zimtzucker wälzen.

Teezungen aus Quarkblätterteig

Für ca. 30 Stück

Zubereitungszeit: 1 Stunde 20 Minuten

250 g Weizenmehl · 1 Prise Salz · 250 g kalte Butter

250 g Schichtkäse (40 % Fett i. Tr.) · ca. 80 g Zucker

4 EL Aprikosenkonfitüre · 200 g Zartbitter-Kuvertüre

1. Das Mehl und Salz in eine Schüssel geben und die kalte Butter sowie den Topfen in kleinen Flocken darauf verteilen. Rasch mit den Händen zu einem glatten Teig verkneten. 30 Minuten kühl stellen.

2. Den Teig auf einem bemehlten Backbrett 1 cm dick zu einem Rechteck ausrollen. Eine Seite bis zur Mitte hin einschlagen, die zweite Seite darüberklappen. Es liegen nun drei Schichten übereinander. Mit Folie umhüllen und 15 Minuten kalt stellen. Diesen Vorgang noch zweimal wiederholen.

3. Den Backofen auf 200 °C vorheizen.

4. Den Quarkblätterteig etwa 1 cm dick ausrollen und Kreise von ca. 5 cm Durchmesser ausstechen. Diese Plätzchen auf einer dick mit Zucker bestreuten Fläche ausrollen. Dabei einmal wenden, damit auch die zweite Seite gezuckert ist.

5. Die Teezungen auf das mit Backpapier ausgelegte Blech legen und in 15–20 Minuten goldgelb und knusprig backen.

6. Die Konfitüre erhitzen und eine Seite der Teeblätter damit bestreichen. Die Kuvertüre im Wasserbad schmelzen lassen und die etwas angetrocknete Konfitürenseite damit bestreichen.

Rahmwaffeln

Für 12 Stück

Zubereitungszeit: 45 Minuten

250 g Weizenmehl · 1 Msp Backpulver · 1 Prise Salz

80 g Zucker · 1 EL Vanillezucker

abgeriebene Schale von ½ unbehandelten Zitrone

¼ l saure Sahne (10 % Fett) · 4 EL süße Sahne · 4 Eier

100 g flüssige Butter · Öl für das Waffeleisen

Puderzucker zum Bestäuben

1. Mehl, Backpulver, Salz, Zucker, Vanillezucker und Zitronenschale in einer Schüssel vermischen und unter Rühren mit dem Schneebesen eines Handrührgerätes die beiden Sahnesorten, Eier und Butter nach und nach zugeben. Zu einem glatten Teig verrühren.

2. Das Waffeleisen erhitzen, einölen und etwas Teig in die Mitte geben. Zusammenklappen und die Waffel goldbraun backen. So fortfahren, bis der Teig verbraucht ist.
Mit Puderzucker bestreut, am besten lauwarm genießen.

Tip: Man kann die Waffeln auch mit flüssiger Kuvertüre, mit Sahne oder mit Konfitüre bestreichen.

Herzhaftes Backwerk

Grüne Spargeltarte

Für 4–6 Personen
Zubereitungszeit: 2 Stunden

TEIG:

150 g Weizenmehl · 1 Prise Salz · 150 g Magerquark
150 g kalte Butter

FÜLLUNG:

1 kg grüner Spargel · 40 g Butter · 1/8 l Sahne
2 cl Noilly Prat (trockener französischer Wermut)
Salz · 200 g Crème fraîche · 4 Eier
100 g magerer Räucherspeck · weißer Pfeffer, frisch gemahlen

1. Aus Mehl, Salz, Quark und Butter einen Quarkblätterteig (siehe Rezept Teezungen Seite 146) zubereiten und kühl stellen.

2. Den Spargel nur am unteren Ende schälen, holzige Teile entfernen und die Stangen in Stücke schneiden.

3. Die Butter in einem Schmortopf erhitzen und die Spargelstücke darin anschwitzen. Mit Sahne und Wermut aufgießen, salzen und zugedeckt in etwa 10 Minuten weich dünsten. Anschließend mitsamt der noch vorhandenen Flüssigkeit im Mixer fein pürieren und nach und nach Crème fraîche und die Eier dazugeben. Zum Schluß den Speck untermischen und mit Salz und Pfeffer würzig abschmecken.

4. Den Quarkblätterteig ausrollen und Boden und Rand einer gefetteten Springform von 24 cm Durchmesser auskleiden. Die Spargelmasse einfüllen und auf der mittleren Schiene bei 200 °C etwa 45 Minuten backen. Vor dem Anschneiden mindestens 10 Minuten ruhen lassen.

Tip: Die Tarte mit weißem Spargel, dann aber Bruchspargel, zubereiten.

Kräuter-Quark-Torte

Für 4–6 Personen
Zubereitungszeit: 1 Stunde

TEIG:

200 g Weizenmehl · 1 Prise Salz · 120 g Butter
1 Ei · 2–4 EL Sahne

FÜLLUNG:

1–2 Knoblauchzehen · 2 Schalotten
1 Bund frische Frühlingskräuter, z. B. Petersilie, Basilikum, Dill, Kerbel usw.
500 g Sahnequark (40 % Fett i. Tr.) · 4 Eigelb
Salz · weißer Pfeffer, frisch gemahlen
1 TL feinwürziger Senf · Cayennepfeffer
4 Eiweiß · Fett für die Form

1. Aus Mehl, Salz, Butter, Ei und Sahne einen Knetteig zubereiten und kühl stellen.

2. Für die Füllung Knoblauch und Schalotten schälen und in kleine Würfel schneiden. Die Kräuter fein hacken.

3. Den Backofen auf 180 °C vorheizen.

4. Den Quark mit den Eigelb verrühren, die feingehackten Zutaten untermischen, mit Salz, Pfeffer, Senf und Cayennepfeffer herzhaft würzen und zum Schluß den steifgeschlagenen Eischnee unterziehen.

5. Den Teig auf einem bemehlten Backbrett kreisförmig ausrollen und Boden und Rand einer Springform von 26 cm Durchmesser damit auskleiden. Die Quarkmasse darauf verteilen und die Oberfläche glattstreichen. Auf der mittleren Schiene in etwa 50 Minuten gar backen. In der Form abkühlen lassen und am besten lauwarm servieren.

Tip: Schmeckt mit Salat als Hauptgericht oder auch in kleine Stücke geteilt zu Wein oder Bier.

Pizzabrot aus Quarkölteig

Für 4 Personen
Zubereitungszeit: 1 Stunde

TEIG:

150 g Sahnequark (40 % Fett i. Tr.) · 4 EL Vollmilch
4 EL Olivenöl · ½ TL Salz · 250 g Weizenmehl
2 TL Backpulver

BELAG:

38 g Tomatenstücke mit Kräutern (aus der Dose)
1–2 feingehackte Knoblauchzehen
1 EL getrockneter Oregano · 4–5 EL Olivenöl

1. Den Backofen auf 220 °C vorheizen.
2. Quark, Milch, Öl und Salz verrühren und nach und nach Mehl und Backpulver erst unterrühren, dann unterkneten. Auf einem bemehlten Backbrett kurz durchkneten, dann auf die Größe eines Backbleches ausrollen.
3. Die Teigplatte auf das gefettete Backblech legen. Die Tomatenstücke mit dem Knoblauch verrühren und auf die Teigplatte streichen. Mit Oregano bestreuen und mit Olivenöl beträufeln. Auf der unteren Schiene in etwa 15–20 Minuten goldbraun und knusprig backen.

Tip: Man kann die Teigplatte auch, wie eine Pizza, mit Salami, Oliven und Käse belegen.

Zwiebelkuchen

(Foto Seite 160)

Für 6—8 Personen

Zubereitungszeit: 2 Stunden

TEIG:

250 g Weizenmehl · Salz · 10 g Hefe

ca. ⅛ l lauwarme Vollmilch · 1 Prise Zucker

50 g flüssige Butter · 1 Eigelb

BELAG:

1 kg Zwiebeln · 50 g Butter

¼ l saure Sahne (10 % Fett) · ⅛ l süße Sahne · 4 Eier

Salz · schwarzer Pfeffer, frisch gemahlen

frisch geriebene Muskatnuß · Fett für die Form

1. Aus Mehl, Salz, Hefe, Milch, Zucker, Butter und Eigelb einen Hefeteig zubereiten (siehe Rezept Schmandkuchen Seite 135) und zugedeckt 30 Minuten gehen lassen.

2. In der Zwischenzeit die Zwiebeln schälen und auf einem Gurkenhobel in feine Scheiben hobeln. Die Butter in einer großen Pfanne erhitzen und die Zwiebeln darin unter Rühren anschwitzen.

3. Den Backofen auf 200 °C vorheizen.

4. Von der Kochstelle nehmen, die beiden Sahnesorten und die Eier unterrühren. Mit Salz, Pfeffer und Muskat würzig abschmekken.

5. Den Hefeteig auf einem bemehlten Backbrett kreisförmig ausrollen und Boden und Rand einer Springform von 28 cm Durchmesser auskleiden. Die Zwiebelmasse darauf verteilen, glattstreichen und auf der mittleren Schiene in etwa 45 Minuten goldgelb backen.

Krabbentorte

Für 4–6 Personen
Zubereitungszeit: 1¼ Stunden

300 g tiefgekühlter Blätterteig

BELAG:

1 Bund Frühlingszwiebeln · 40 g Butter

400 g Nordseekrabben ohne Schale

200 g Sahnequark (40 % Fett i. Tr.) · 200 g Crème fraîche

4 Eier · Salz · weißer Pfeffer, frisch gemahlen

½ Bund Dill

1. Den Blätterteig auftauen lassen, dann kreisförmig ausrollen und Boden und Rand einer Springform von 24 cm Durchmesser auskleiden. Den Teig mit einer Gabel mehrmals einstechen.

2. Den Backofen auf 220 °C vorheizen.

3. Die Frühlingszwiebeln von Wurzeln und den welken grünen Enden befreien, waschen und mit einem Teil des Grüns in feine Scheiben schneiden. Die Butter in einer Pfanne erhitzen und die Zwiebeln darin anschwitzen. Die Krabben kurz mitdünsten, dann von der Kochstelle nehmen.

4. Quark, Crème fraîche und Eier unterrühren und mit Salz, Pfeffer und dem feingehackten Dill abschmecken. Die Krabbenmischung auf dem Blätterteig verteilen und auf der mittleren Schiene in etwa 35 Minuten goldbraun backen.

Ziegenkäsetarte

Für 4–6 Personen
Zubereitungszeit: 1½ Stunden

TEIG:

200 g Weizenmehl · 100 g kalte Butter
2–3 EL eisgekühltes Wasser · Fett für die Form

BELAG:

250 g Schichtkäse (40 % Fett i. Tr.)
200 g milder Ziegenfrischkäse (50 % Fett i. Tr.)
50 g würziger, alter Ziegenkäse (z. B. Crotin)
4 Eigelb · Salz · weißer Pfeffer, frisch gemahlen · 4 Eiweiß

1. Mehl, Butter und Wasser rasch zu einem Knetteig verarbeiten und 30 Minuten kühl stellen.

2. Den Backofen auf 200 °C vorheizen.

3. Schichtkäse und Ziegenfrischkäse verrühren. Den alten Ziegenkäse auf der feinen Seite einer Rohkostreibe raspeln und mit Eigelb unter die Quarkmasse rühren. Mit Salz und Pfeffer würzen und den steifgeschlagenen Eischnee unterziehen.

4. Den Knetteig auf einer bemehlten Arbeitsfläche kreisförmig ausrollen und Boden und 3 cm Rand einer gefetteten Springform von 24 cm Durchmesser damit auskleiden. Die Ziegenkäsemasse einfüllen, die Oberfläche glattstreichen und in etwa 40 Minuten goldgelb backen. Vor dem Anschneiden mindestens 15 Minuten ruhen lassen.

Sauerrahmfladen mit Speckwürfel

Für 4 Personen
Zubereitungszeit: 1 Stunde 20 Minuten

TEIG:

250 g Weizenmehl · 1 Prise Salz · 20 g Hefe
ca. 1/8 l lauwarme Vollmilch
1 Prise Zucker · 100 g Butter · 1 Ei

BELAG:

1/4 l saure Sahne (10% Fett) · 100 g Crème fraîche
2 Eigelb · 1 feingehackte Zwiebel
1 Bund feingeschnittener Schnittlauch · Salz
weißer Pfeffer, frisch gemahlen
100 g magerer Räucherspeck · Fett für die Form

1. Aus Mehl, Salz, Hefe, Milch, Zucker, Butter und Ei einen Hefeteig zubereiten (siehe Rezept Schmandkuchen Seite 135) und zugedeckt 30 Minuten gehen lassen.

2. Für den Belag saure Sahne, Crème fraîche und Eigelb verrühren. Zwiebel und Schnittlauch hinzufügen und mit Salz und Pfeffer herzhaft würzen. Den Speck in kleine Würfel schneiden.

3. Den Hefeteig in 4 Portionen teilen. Jedes Stück kreisrund mit einem Nudelholz ausrollen. Die Ränder jeweils zu einem dickeren Rand formen. Die Fladen auf ein gefettetes Backblech setzen und zugedeckt erneut 15 Minuten gehen lassen.

4. Den Backofen auf 220 °C vorheizen.

5. Die Sauerrahmmischung auf die Fladen verteilen, mit den Speckwürfeln bestreuen und auf der unteren Schiene in etwa 25 Minuten goldgelb backen.

Tip: Die Fladen schmecken warm mit Salat oder auch abgekühlt zu Wein und Bier.

Avocado-Frischkäse-Tarte

Für 4–6 Personen
Zubereitungszeit: 1 Stunde

TEIG:

100 g feingemahlenes Weizenvollkornmehl

50 g Vollkornschrot · 1 Prise Salz · 80 g kalte Butter

2–3 EL eiskaltes Wasser

einige Löffel Linsen oder getrocknete Erbsen zum Blindbacken

BELAG:

1 Fleischtomate · 3 vollreife, mittelgroße Avocados

200 g Doppelrahmfrischkäse (70 % Fett i. Tr.)

100 g Magerquark · 2 feingehackte Knoblauchzehen

2 feingehackte Schalotten · Salz

weißer Pfeffer, frisch gemahlen · etwas Zitronensaft

1 Kästchen Gartenkresse

1. Aus Mehl, Vollkornschrot, Salz, Butter und Wasser einen Knetteig herstellen und 30 Minuten kühl stellen.

2. Den Backofen auf 200 °C vorheizen.

3. Den Teig auf einem bemehlten Backbrett rund ausrollen und Boden und Rand einer Pieform von 22 cm Durchmesser auskleiden. Den Boden mit den Hülsenfrüchten belegen und in etwa 25 Minuten goldbraun backen.

4. Währenddessen die Tomate kurz blanchieren, häuten, halbieren und ohne Stengelansatz und Kerne in kleine Würfel schneiden. Avocados schälen, halbieren, entkernen und mit Zitronensaft beträufeln. Zwei Früchte mit einer Gabel fein zerdrücken oder im Mixer kurz pürieren. Mit Frischkäse, Quark, Knoblauch und Schalotten verrühren und mit Salz, Pfeffer und Zitronensaft würzen.

5. Die Avocadocreme auf den abgekühlten, von Hülsenfrüchten befreiten Kuchenboden geben und die Oberfläche glattstreichen.

6. Die Tomatenwürfel mit Salz und Pfeffer würzen. Die zurückgelassene Avocado in dünne längliche Spalten schneiden, nochmals mit Zitronensaft beträufeln und den Kuchen sternförmig damit belegen. In die entstandenen Zwischenräume die Tomatenwürfel streuen und den Rand mit den abgeschnittenen Kresseblättern besetzen.

Tip: Die Torte etwa 15 Minuten im Kühlschrank durchziehen lassen, dann aber sofort servieren, da sich sonst die Avocados verfärben.

Quark-Fondue (Rezept Seite 120)

Zwiebelkuchen (Rezept Seite 153)

Blätterteigtörtchen mit Gorgonzola-Quark-Füllung

Für 8 Personen

Zubereitungszeit: 35 Minuten

TEIG:

300 g tiefgekühlter Blätterteig

BELAG:

150 g Gorgonzola · 150 g Sahnequark (40 % Fett i. Tr.)

1 EL Grappa · schwarzer Pfeffer, frisch gemahlen

1/8 l Sahne · 1 Fleischtomate · einige Basilikumblätter

1. Den Blätterteig auftauen lassen.

2. Den Backofen auf 220 °C vorheizen.

3. Die Blätterteigplatten etwas anfeuchten, überlappend aneinanderlegen und ausrollen. 8 Torteletteförmchen von etwa 10 cm Durchmesser mit dem Teig auskleiden. Den Teig mit einer Gabel mehrmals einstechen und die Förmchen auf ein Backblech legen. Auf der mittleren Schiene in etwa 20 Minuten goldbraun backen. Abkühlen lassen.

4. Währenddessen den Gorgonzola mit einer Gabel fein zerdrücken, dabei den Quark sowie den Grappa hinzufügen. Mit Pfeffer würzen und zu einer glatten Creme verrühren. Die Sahne steif schlagen und locker unter die Käsemischung ziehen.

5. Die Masse in einen Spritzbeutel füllen und die Törtchen damit bespritzen.

6. Die Tomate waschen, den Stengelansatz entfernen und der Länge nach in dünne Schnitze schneiden. Dekorativ in die Quark-Gorgonzola-Creme stecken und mit den Basilikumblättern garnieren.

Register

nach Sachgruppen

ERFRISCHENDE MIXEREIEN MIT MILCHPRODUKTEN

VORSPEISEN, SALATE UND SNACKS

SUPPEN, KALTSCHALEN UND SAUCEN

PIKANTE HAUPTGERICHTE

SÜSSE HAUPTGERICHTE

DESSERTS

SÜSSE KUCHEN UND GEBÄCK

HERZHAFTES BACKWERK

Register

alphabetisch

A

B

C

D

E

F

G

H

J

K

M

N

P

V

W

Z